희망아,
내 소원을 들어줘!

남성현과 해피홈 아이들

해피맵북스

'해피홈'은 여러 가지 어려운 사정으로 부모나 기타 보호자의 보호를 직접 받을 수 없는 아이들이 함께 생활하는 아동공동체로써, 이름 그대로 '행복한 아이들이 사는 곳'입니다. 제가 이렇게 말할 수 있는 것은, 해피홈의 아이들이 커서 많은 사람들에게 행복을 선물할 귀한 존재들이라고 생각하기 때문입니다.

어렸을 때부터 부모님을 따라 조금씩 봉사활동을 하던 제가 해피홈 아이들과 처음 인연을 맺은 것은 중학교 3학년 때였습니다. 처음 만났을 때, 주로 편부나 편모를 가진 이 아이들을 보며 그래도 의지할 부모님이 한 쪽은 계시기에 정말 다행이라고 생각했습니다. 그런데 자주 아이들을 만나 함께 공부하고 생활하면서, 아이들의 가슴 속에 매우 큰 상처들이 있다는 것을 알게 되었습니다. 처음에는 저와 눈도 잘 마주치지 않던 아이들이 저를 봉사자가 아닌 형이나 오빠로 생각하는 데 걸린 긴 시간이 그것을 말해주는 것 같았습니다.

나중에 알고 보니 대부분의 아이들은 부모님과 연락조차 되지 않고 있다고 했습니다. 부모님과 함께 사는 것이 소원이라고 말하는 아이들을 보며, 저는 어쩌면 이 아이들의 가슴 속에는 부모님이 계시지 않아 만나지 못하는 아이들보다 더 커다란 슬픔과 그리움이 자리 잡고 있을지도 모른다고 생각했습니다. 그래서 저는 저의 부모님께서 어렸을 때부터 제게 가르쳐주셨던 –슬픔은 나누면 반이 되고 기쁨은 나누면 배가 된다는 사실–을 아이들에게 알려주고 싶었지만 쉬운일은 아니었습니다. 왜냐하면 이 곳 아이들은 서로에게 도움을 주는 것에 익숙하지 않아 자기가 먹던 과자 한 조각도 남에게 쉽게 건네주지 못할 정도로 보이지 않는 상처를 갖고 있었기 때문입니다.

아이들과 2년 넘게 생활한 후에서야 그것을 깨달은 저는, 이 아이들에게 자신들도 누군가를 도울 수 있는 멋진 존재라는 사실을 알게 해주고 싶었습니다. 그래서 평소에 관심을 갖고 있었던 아프리카 신생아 살리기 모자 뜨기 캠페인 활동을 함께 하며, '혼자' 가 아니라 '함께' 라는 의미를 알려주기로 마음먹었습니다. 그래서 '봉사활동생활수기' 공모전에 당선되어 시교육청에서 받은 원고료와 그동안 틈틈이 저축한 돈으로 신생아 살리기 모자키트를 구입해 해피홈으로 갔습니다.

그리고 아이들에게 저체온증으로 죽어가는 아프리카 신생아들의 생명을 이 작

은 모자 하나로도 살릴 수 있다는 말과 함께 모자 뜨는 방법을 알려 주는 순간,
하하 호호……. 서툰 저의 손놀림을 본 아이들의 웃음소리로 방안이 가득 채워졌
습니다.

시간이 얼마 흐른 후 아이들은 저보다 훨씬 멋진 솜씨로 모자를 완성했습니다.
완성된 모자를 보며 해맑은 웃음으로 자신들도 누군가를 도울 수 있다는 사실에
행복해 했습니다.

그 일이 있은 후 아이들은 저를 '진짜 형. 오빠'로 생각하기로 했는지 마음의
문을 열고 자신들의 꿈에 대해 조금씩 말해주기 시작했습니다. 그것은 정말 좋
은 징조였습니다. 왜냐하면 꿈을 갖는다는 것은 아름다운 미래를 꿈꾼다는 것이
고, 그것은 아이들이 자신감을 가졌다는 뜻으로 느껴졌기 때문입니다.

기회는 이 때다 생각한 저는 아이들에게 평소 바라고 꿈꾸었던 것, 이루고 싶은
것들을 함께 그려보자고 했습니다. 수학문제가 아니라 그림을 그리자는 제 말에
아이들은 신이 나서 모두 열심이었습니다. 곧잘 그리는 아이도 있었고 조금 서툰
아이들도 있었지만, 아이들은 자신들의 꿈과 희망을 정말 열심히 그렸습니다.

저는 아이들의 그림 밑에 형이나 오빠의 입장에서 도움이 될 수 있는 이야기들을
써주기 시작했습니다.

여기 이 책은 이렇듯 조심스럽게 꿈을 키워나가는 해피홈 아이들의 희망을 모
아놓은 그림책입니다. 그리고 행복한 나눔 책이기도 합니다.

왜냐하면 제가 이책을 출판하겠다고 생각한 까닭이 해피 홈 아이들에게 '너희들
은 혼자가 아니라 우리와 항상 함께.' 라는 저의 진심어린 마음을 전하고 싶었고
더 나아가 책 판매 수익금으로 좀더 현실적인 도움을 주고 싶었기 때문입니다.

아이들과 함께하는 이 책을 통해 아이들이 나눔의 행복을 깨닫고 조금이나마
더 밝은 미래를 준비할 자신감을 갖게 되기를 간절히 소망합니다.

행복한 나눔이 남성현 드림

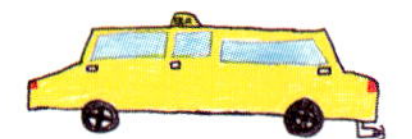

꿈과 소원이 있는 아이들

돈이 없는 건 조금 가난한 거지만
꿈이 없는 건 많이 가난한 것이다
비록 어려운 상황이긴 하지만 그래도
아이들의 마음속에는 이루고 싶은 꿈과 소원이 있다

나의 소원은 가족과 함께 같이 살며 밥 먹는 것입니다.
그래서 가족과 같은 집에서 밥 먹는 모습을 그렸습니다.
저는 커서 돈 많이 벌어서 집을 사서 가족과 함께 살겠습니다.

가족과 함께 밥 먹기

가족과 함께 밥을 먹는 것과 가족과 함께 사는 것이 소원인 우리 기범이…!!
기범이의 소원대로 꼭! 꼭! 이루어 졌으면 정말 좋겠다.
아니 꼭 이루어 질거라고 믿는다.
기범아! 힘내고 기범이가 커서 집도 사고 그럴려면
건강해야 되니까 밥도 잘 먹고 씩씩하게…
알았지! 아자아자 화이팅!^^

내가 나무가 된다면 사람들에게 작은 봉사를 하고 싶다.
내가 지금 이 삶에서 봉사하기가 참 힘든데,
이렇게라도 작은 봉사를 해서 사람들에게 행복을 주고 나도 뿌듯
해지고 싶다. 언젠간 작은 자리를 마련해줄 수 있도록...

작은 봉사

저런! 남을 돕고 싶은 마음은 크지만 당장 할 수 있는 일이 없어
마음 아파하고 있구나. 하지만 봉사란 생각만큼 어려운 것이 아니야.
성현이가 길거리를 가다가 떨어진 휴지를 줍는 것도 깨끗한 거리를 다른 사람들을
위해 만드는 작은 배려의 봉사니까. 지금 상황에서 할 수 없다고 포기하지 말고
주변을 한 번 둘러보는 것도 좋을 것 같은데...^^ 그리고 이렇게 착한 생각을
가지고 있는 우리 성현인 반드시 많은 사람들에게 도움을 줄 수 있는
큰 사람이 될 수 있을거야. 걱정말고 언제나 힘내자!

내가 나무라면 사람들이 열매를 따갈 때는 다 주고 싶다.
하지만 나를 자르는 사람은 그 사람 머리에 열매를 떨어뜨려서
머리를 최대한 어지럽게 하여 날 자르지 못하게 하겠다.

열매를 주는 나무

나무가 되어서 열매를 사람들에게 모두 나눠주려는
찬경이의 마음이 너무 예쁘구나.
그러면서도 나무를 자르려고 하는 사람을
물리칠 계획까지 가지고 있으니 현명하기까지 한 걸!
앞으로도 그 마음 변치 말고
열매를 많이 맺는 좋은 나무 같은 사람이 되어서
많은 사람들을 도와주는 찬경이가 되길 바래.

진하나/초등

나의 꿈은   가수   이다.
나는 노래를 좋아하고,
우울할 때 기분 전환으로
노래를 듣기도 한다.
노래는 나에게 많은 도움을 준다.

가수

지금 하나의 노래는 하나 자신에게도 많은 도움을 주지만
마음이 답답하고 우울할 때 해피홈 친구들에게도
분명히 많은 도움이 되고 있을거야.
늘 아름다운 노래로 많은 사람들에게
감동을 주는 멋진 가수가 되길 바랄게

내가 가고 싶은 곳은 파리♥
파리에 가서 우리 가족과 함께 에
펠탑을 구경하고, 에펠탑 앞에서
가족 사진을 찍어보고 싶다. 또 해
외여행이니까 편안하게 쉬고 구경
도 하고 싶다.
나도 에펠탑처럼 곧고 바르게 살
아갈 것이다.

이은지/초등

내가 가고 싶은 곳은 파리

프랑스하면 역시 에펠탑을 빼놓을 수가 없는 것 같아.

온가족이 함께 멋진 곳으로 여행을 떠나

함께 사진도 찍고 분명 즐거운 추억이 될 거야.

은지도 에펠탑처럼 크게 성장하고 멋진 삶을 살게 되면 좋겠다.

나도 아직 못가봤는데 먼저간 사람이

엽서 보내주기 하자! 알았지?

나의 소원은 바둑을 잘 두는 것이다. 잘 두게 되면
친구들에게 친절하게 가르쳐 줄 것이다. ★

바둑은 모든 퍼즐게임

바둑을 세계에서 가장 잘하는 건 우리나라고 그중에서 가장 유명한 건 이창호
9단인데. 이창호 9단은 14살 때 국내 바둑왕전을 우승해 세계 최연소 우승자로
기록이 남아있어. 이창호 9단의 뛰어난 바둑 실력의 비결은 바로 집중력이래.
경기가 시작되면 옆에 사람이 지나가도 모르고 심지어 말을 걸어도 모른다고 해.
승호도 열심히 집중하는 훈련을 해서
이창호 9단 같이 훌륭한 바둑기사가 되었으면 좋겠다.
형도 바둑 조금 하는 편인데 승호야 언제 형이랑 한판 두자^^

나의 꿈은 가수이다. 나는 지금 그 꿈을 위해 노력하고 있다.
그리고 오디션도 보고 있는 모습이다. 잔뜩 떨리는 목소리에 음악이 슬슬~
음악에 맞추어 노래를 부르고 있는 모습이다. 자신있게 불러보지만,
너무 긴장되는 것처럼 느껴지지만, 연습 때와 같이 불러 보았다.

가수가 되는 꿈

해피홈에서 유명한 아이돌 가수가 나오면
아이들과 원장님 모두 뿌듯하고 엄청 기뻐하시겠다.
유명한 아이돌 가수들은 비록 나이가 어리지만 몇 년간 열심히 땀 흘려 노력했기에
지금의 자리에 있을 수 있는 거래.
미래의 꿈을 위해 계속 관심을 가지고 노력하다 보면
꼭 가수라는 큰 꿈을 이룰 수 있게 될꺼야. ♬♪

김태경/초등

유치원 교사가 되는 게 나의 장래희망이다.
내가 좋아하는 어린이들을 가르칠 수 있고, 같이 활동도 할 수 있으니,
또 같이 놀아줄 수 있으니깐 장래희망이 된 계기가 된 것 같다.
내 꿈은 모든 사람을 행복하게 만드는 것이다.

유치원 교사

태경이 같이 아이들을 사랑하고 잘 가르치고,
또 잘 놀아주려는 선생님이 있는 유치원에 아이들을 맡긴다면
어떤 부모님 이어도 분명 마음이 든든할 거야.
그림에서 처럼 아이들에게
꿈과 희망을 많이 주는 훌륭한 선생님이 되길!

나는 커서 꼭 선생님이 되고 싶다.
왜냐하면 커서 아이들을 가르쳐주고 싶다.

꿈

칠판에 덧셈이 쓰여 있는 걸 보니 아마도 수학 선생님이 꿈인가봐.
내 주위 친구들을 봐도 어려서부터 수학을 싫어하는 아이들이 참 많아.
사실 오빠도 수학이 젤루 싫거든 ^^
그림을 보니 학생들 앞에서 열심히 설명하고 있는 혜란인
정말 훌륭한 수학 선생님이 될 수 있을 것 같다.

나는 나는 요리사.
오빠와 같이 요리를 만들어요.
만들고, 또 만들고.... 빨리 어른이 되어서
가족에게 맛있는 음식을 주고 싶어요.

나는 나는 요리사

많은 사람들이 맛있는 음식을 먹을 때 큰 행복감을 느낀다고해.
요리사는 그런 면에서 정말로 보람을 느낄 수 있는 직업인거 같아.
하루에도 수십, 수백 명에게, 어떤 때는 수천 명에게
큰 즐거움을 전해줄 수 있잖아.
두바이의 7성급 호텔의 수석요리사였던 에드워드 권도
더 많은 사람들에게 맛있는 음식을 만들어주기 위해
최고의 자리를 마다하고 한국에 와서 레스토랑을 차렸단다.
지수도 요리를 통해 사람들에게 큰 기쁨을 주는 최고의 요리사가 되길 바래!

나의 소원은...
돈을 많이 벌어서 부모님께 효도하고
어려운 사람들을 돕고 싶다.
그래서 한 명도 못사는 사람없이
모두 행복하게 웃으면서 사는 날이 왔으면 좋겠다...

도와주는 사람

참 아름다운 마음이다.
돈이 많은 부자들이 자기 가족을 위해서만 돈을 쓰지 않고
가난한 사람들도 돕는다면 세상은 지금보다 훨씬 따뜻해지겠지?
세계 최고의 부자 빌 게이츠도 처음엔 돈을 버는 것에만 힘쓰던 사람이었지만
지금은 나눔의 중요성을 알고 거의 전 재산을 아프리카와 제 3세계의 빈곤 퇴치를
위해 사용하고 있어. 빌 게이츠도 늦은 나이에 깨달은 중요한 사실을 우리 영선이는
벌써 깨달았으니 분명 빌 게이츠 만큼 훌륭한 사람이 될 것 같아.
영선이에게 한수 배웠는걸 ^^

나의 꿈은 경호원이다.
나는 경호원을 하면서
많은 사람들을 안전하게 해주고 싶다.
그리고 그 일을 통해 보람을 얻고 싶다.

경호원

TV나 커다란 행사장에 나오는 경호원들을 보면 정말로 멋지지?
늘씬하고 건강한 체격에 검은 양복을 입고
날카로운 눈매로 계속해서 주변을 살피잖아.
하지만 때로는 보호하는 사람을 위해
자신의 목숨도 희생할 각오가 되어야 할 수 있는 일이래.
영화 "보디가드"가 교과서가 되겠다.
목숨을 걸고 사람을 지키는 일이니 분명히 큰 보람이 있는 일이지.
혜인인 사람들을 안전하게 지켜주는 최고의 경호원이 될 수 있을거야!

내가 갖고 싶은 것은 닌텐도이다.
물론 게임도 할 수 있지만
공부하는 기능도 있다.
나에게 일석이조로 도움이 되는 아주 편리한 기계이다.

홍지성/초등

닌텐도

닌텐도 게임기! 정말 재밌는 게 많더라.
두뇌 트레이닝 같은 게임으로 영어공부도 할 수 있고 말이야.
그런데 이렇게 재밌는 게임을 만드는 닌텐도가 사실은
고스톱 칠 때 쓰는 화투를 만드는 회사였다니 정말 놀랍지 않니?
화투를 만들던 회사가 미래의 필요성을 예측하고 과감히 변화를 시도하면서
공부도 할 수 있는 게임기를 만들어 사람들이 유용하게 사용할 수 있는 것들을
만드는 회사가 되었대. 지성이도 항상 미래를 생각하고
발전을 꿈꾸는 삶을 살아가길 바래.

내가 바라는 소원은 '세
계 공용어'가 생기는 것
이다.
세계 공용어가 생기면 더
이상 말이 통하지 않아
답답한 일도 생기지 않고
무엇보다 머리아픈 영어
를 배우며스트레스 받는
일이 더 이상 생기지 않기 때문이다.
그래서 내 소원은 세계공통어가 생기는 것이다.
그리고 그 세계공통어가 한국어 이었으면 하는 생각이 든다.

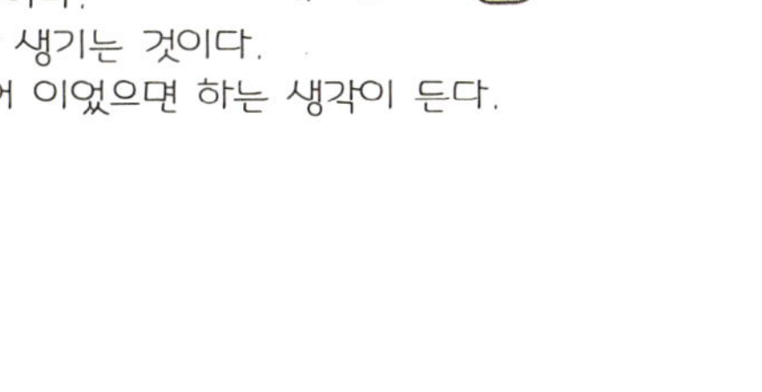

세계 공용어

유림이도 오빠가 어릴적에 하던 생각이랑 똑같은 생각을 하고 있구나 ㅎㅎ
오빠도 영어가 너무 하기 싫어서 왜 세종대왕님은
한글을 만드신걸까? 라는 황당한 생각을 하곤 했었단다.
나도 한국어가 세계 공용어로 채택된다면 정말 좋겠다 ^^

나는 63빌딩에서 살고 싶다.
많은 사람들과 함께 살 수 있기 때문이다.
이 건물 주인이 되어서 어려운 사람들을 공짜로 살게 해주겠다.

63빌딩

63빌딩같이 좋은 곳에서 불쌍한 사람들을 공짜로 살게 해주겠다니
영준이는 마음씨가 정말 착한 것 같아.
한국에서 제일 큰 서점인 K문고도 바로 이런 나눔의 취지에서 세워졌다던데.
지금은 돌아가신 회장님이 책을 마음대로 찾아보고 꼭 사지 않아도 되는 청소년들을
위한 서점을 만들겠다는 곳이 바로 K문고였대. 물론 당시에는 직원들의 강력한
반대가 있었지만 받은 만큼 나눠야 한다는 굳은 의지로 회장님이 밀어붙였다고 해.
영준이도 반드시 크게 성공해서 더욱 많은 사람들과 나눌 수 있기를 바래.
아마 우리책도 K문고에 진열될거야, 그치? ^^

최찬경/초등

나는 하늘을 나는 커다란 집을 만들 것이다.
그리고 많은 사람들을 태우고
여기저기로 여행을 다닐 것이다.
여행을 가지 못하는 사람들이 많아서이다.

하늘을 나는 여행

여행가 한비야님이 떠오르네
사람들에게 많이 알려지지 않은 오지로 여행을 많이 하시고
UN에서 어려운 사람들을 위해 봉사일도 하시고
참 멋진 분 이신 것 같아.
찬경아! 하늘을 나는 집이 생기면 사람들을 데리고
여행도 많이 하면서 봉사도 함께하는 멋진 찬경이가 되었으면 좋겠다.

무료로 치료해주는 의사

영선인 어떻게 이렇게 훌륭한 생각을 할 수 있었을까... 정말 멋지다.
얼마전 오빠가 병원 응급실에 가게 되었는데 여기저기서 의사선생님을 찾고 정말
정신이 없는데도 침착하고 친절하게 환자분들을 대하시는 의사선생님들을 보니
사명감 없이는 절대로 할 수 없는 직업이라는 생각을 했었어.
영선이도 지금의 마음 절대로 변하지 말고 세상 모든 사람들의 건강을 지켜주는
수호천사와 같은 의사 선생님이 되길 바래. 아자 홧팅!

나는 최고의 골키퍼가 되어서
국가대표가 된다.
그리고 상대편이 차는 슛을 모두 막아버릴 것이다.
그러면 모든 국민들이 기뻐할 것이다.

최고의 골키퍼

지난 아시안컵 4강에서 우리나라가 일본과의 접전 끝에
승부차기 대결에서 3:0으로 패한 것이 생각나네.
물론 승부차기에 져서 아쉽기는 했지만
그래도 끝까지 최선을 다한 우리 선수들이 너무나 자랑스러웠어.
이다음에 우리 재민이가 훌륭한 골키퍼가 되면
어떤 강적을 만나도 안심할 수 있을 것 같아.
그림에서처럼 길고 큰손으로
상대방의 매서운 슛도 모두 막아 줄 테니까.^^

내 소원은 크리스마스!
이쁜 장식이 달려있는 트리가 있는 크리스마스.
왜 그럴까?
트리의 빛나고 예쁜 장식이 내 마음을 설레게 한다.

예쁜 크리스마스

크리스마스하면 가장 먼저 떠오르는 게
산타 할아버지와 반짝이는 트리 아닐까?
아차차, 아기 예수님이 태어나신 날이라는 것도 잊으면 안 되지!
크리스마스에 멋진 트리와 신나는 캐럴도 좋지만
그것들을 함께 즐길 가족과 친한 사람들이 없으면 아무래도 쓸쓸하겠지?
올해 크리스마스는 꼭 멋진 트리와
온 가족이 함께하는 행복한 날이 될 수 있을 거야.

라면을 좋아하는 이유는 :
면이 맛있고 매콤한 맛이 나기 때문이다.
그리고 라면 먹기 시작한 이유는 :
형들이 한 입 줄 때 먹어봐서 너무 맛이 있었다.
초밥을 좋아하는 이유는 :
맵지만 맛있기 때문이다.
그리고 초밥을 먹기 시작한 이유는 :
생김새가 신기해서 먹어봐서 맛있었기 때문이다.

유광일/중등

라면을 좋아하는 이유

라면과 초밥, 정말 맛있지.
나도 공부를 하다 출출할 때면 곧잘 라면을 끓여먹곤 해.
또 초밥을 보니 '미스터 초밥왕' 이라는 만화가 생각나네.
그냥 쉽게 만들 수 있는 음식중에 하나가 초밥인줄 알았는데,
만화를 통해 그것을 만드는 사람들의 장인 정신을 보고서 매우 놀랐어.
우리 광일이가 먹는 음식들도 하나같이 많은 분들이
수고해 주셨기 때문에 먹을 수가 있는 거 알지?
그러니 음식을 먹을 때마다 우리 항상 감사하는 마음으로 맛있게 먹자.

조은미/초등

나의 취미는 그림이다.
그림은 나에게 없어서는 안 될 중요한 것이다.
그림을 그리면 나의 장점을 그리는 것 같아서 그림이 좋다.

그림 그리기

그림 속에서도 그림을 그리고 있다니 여전히 은미는 그림을 사랑하는 것 같구나.
아마 은미꿈이 화가였었던 것 같은데 맞지?
1년전 여름방학 때 오빠 못생겼다고 여드름 잔뜩 있는 얼굴 그려줬었잖아 ^^
우리 은미 ! 정말로 사랑하고 좋아하고 이루고 싶은 것들을 생각하며
언제나 그림을 마음껏 그릴수 있게되면 좋겠다.
멋진 화가가 되는 꿈을 은미가 이룰 수 있도록 오빠가 응원할께.
꼭! 그런날이 올거야.
아자아자 홧팅!

나의 취미는…
음악감상과 그림그리기이다.
음악감상하면서 미래 모습이 생각나면 그림으로 그린다.
그 모습을 그리면 왠지 모르게 화장품이 생각난다.
내가 어른이 되어서 어떤 모습일까?
생각도 하고, 그림도 그리고 그런 모습이 나는 뿌듯하다.

취미

은지는 참 좋은 취미를 가진 것 같다.
음악만 들어도 상상의 나래를 마음껏 펼수 있는데
거기다 그림까지 잘 그릴 수 있으니 얼마나 좋을까…
그림 속 화장품들을 상세히 그려 놓은걸 보니
관찰력까지 좋은거 같구나.

나의 취미는 책읽기이다.
책을 많이 읽고 엄청나게 똑똑해질 거다.

책읽기

어린 나이에 책읽기를 좋아하는 친구는 많이 없는데,
승호는 벌써부터 좋은 습관을 가지고 있구나.
독서는 사람들에게 꼭 필요해.
책속에서 우리에게 필요한 지식들을 많이 얻을 수 있거든.
우리 승호도 많은 책을 읽어서 그 누구보다 마음이 넉넉하고 남을 돕는 마음까지
넓은 아름다운 사람이 되길 바래.
그리고 책을 많이 읽으면 승호의 바램대로 엄청나게 똑똑해 질 수 있을거야.

내가 제일 좋아하는 음식은? 제과!!
내가 제일 좋아하는 것이고, 또 만들고 싶은 음식이다.
나는 초코케익을 좋아한다.
내가 커서 하고 싶은 장래희망이기도 하다.
그 이유는 맛있기도 하고, 여러 맛이기도 해서이다.
그리고 어른들이 싫어하는 이유도 알고 싶다.

제과

빵과 과자를 맛있게, 또 예쁘게 만드는 사람들을 파티셰라고 부르거든.
최근 우리나라에서도 주식뿐만 아니라
후식, 또는 차와 곁들여 먹을 수 있는 음식들에 대한
관심이 높아지면서 파티셰는 사람들이 선호하는 직업이 되고 있어.
하지만 수많은 종류의 빵과, 케익, 파이 같은 많은 과자들을 자유자재로 만들 줄 알
려면 지금부터 공부를 틈틈이 해나가야겠지?
제과를 좋아하기도 하고, 장래에 하고 싶은 일이기도 하니까
분명 훌륭한 파티셰가 될 수 있을 거라 믿어.

나의 취미생활은...
음악감상과 소설쓰기 이다.
음악감상을 하면 마음이 편해지고 기분이 좋아진다.
내가 좋아하는 음악을 정해서 따라부를 때는 내가 가수가 된 느낌을
받기도 한다. 소설은 내가 상상하여 쓰는 것이기 때문에 나의 소원을
쓰거나 하면 기분이 좋아지고 글짓기 실력도 늘어난다. 나는 글을 쓰
다보면 작가가 되고 싶다는 생각을 한다.

음악을 좋아하는 소설가

노래와 글은 사람들의 감정과 생각을 자유롭게 표출할 수 있게 도와주지.
우리가 좋은 노래를 들을 때나 아름다운 시를 읽을 때 감동을 받는 것은
그것을 쓴 사람의 마음이 느껴지기 때문이야.
자기 자신의 솔직한 생각을 쓰는 것은 진정한 자신을 찾는데
큰 도움을 줄 수 있다고 생각해.
지금부터 꾸준히 글을 쓰는 연습을 한다면 정말로 훌륭한 소설가가 될 수 있을 거야

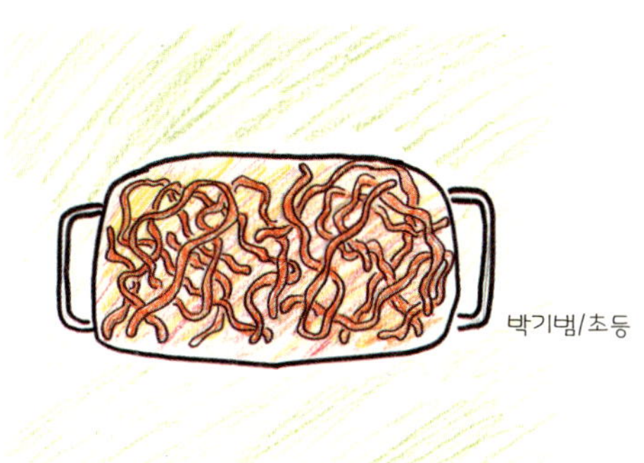

내가 왜 자장면을 그렸냐면 할아버지가
처음으로 밥 사줄 때 자장면을 사주어서 자장면이 좋다.
또 맛있어서이다. 맛있는 거 하면, 딱 떠오르는 게 자장면이다.

자장면

자장면 이야기를 들으니까 한때 인기 있었던 G.O.D.의 '어머님께' 라는 노래가
생각나네. 지금은 흔하지만 옛날엔 먹기가 쉽지 않았던 자장면을
아들에게 양보하는 어머니의 사랑이 담긴 노래였지.
기범이도 앞으로 자장면을 먹을 때마다 따스한 할아버지의 사랑을 생각하며
얼른 커서 할아버지께 자장면을 사 드릴수 있게 되면 좋겠다.
그때까지 기범이의 할아버지가 건강하게 오래 오래 사시기를 함께 기도하자 ^^

조상우/초등

내가 텔레비전에서 보았을 때 초밥이 너무 맛있게
보여서 꼭 먹어보고 싶은 음식이었다.
처음 초밥을 먹었을 때 맛이 없었는데,
두 번째는 엄청 맛있었다.
그래서 제일 좋아하는 음식이 되었다.

초밥

초밥을 맘껏 먹어보는 게 우리 상우의 소원이었구나.

지금은 그렇게 좋아하는 초밥인데 처음엔 맛이 없었다고?

그건 아마도 처음이라 입에 맞지 않아서였을 거야.

요즘은 인스턴트로 초밥을

집에서도 쉽게 만들어 먹을 수 있도록 만들어져 나오는 것 같애.

형이 수능 끝나면 같이 만들어서 실컷 먹어보자.

황동현/중등

나의 취미는 집안 일이다.
방을 깨끗이 치우고 나면
왠지 기분이 좋아진다.
엄마도 이런 기분이었을까...

청소하기

예전에 '청소의 힘' 이라는 다큐멘터리 프로그램에서
정리정돈의 중요성에 대해서 이야기 해준 적이 있었어.
일본의 어떤 아저씨의 이야기였는데 사업에 실패한 후
모든 것을 포기하며 방을 어지럽혔다고 해. 그런데 친한 친구가 와서 방을
청소해 주자 이상하게 다시 도전을 시작할 의욕과 용기가 생겨났데. 그 결과
지금은 한 회사의 경영자 자리에까지 오르게 되었지. 어때? 청소가 우리에게
얼마나 중요한 일인지 알겠지? 형이 동현이에게 이런말 하기가 왠지 쑥스럽네 ^^
나부터 잘 해야 될 것 같아서...ㅎㅎ

내가 만들고 싶은 음식은 스테이크다.
스테이크를 한번 먹으면 맛이 좋다.
레스토랑에서만 먹는 스테이크 집에서
한번 만들고 싶다.

맛있는 스테이크

우와 보기만 해도 정말 먹음직스러운 스테이크다.
저렇게 두꺼운 고기를 집에서도 먹으려면 오븐이 반드시 필요할거 같은데…
그냥 고기를 구우면 요리가 끝나는 것 같아 보이는 스테이크도 사실은
다양한 조리방법이 있던데. 일단 고기를 굽는 정도에 따라 레어, 미디움,
웰던으로 나뉘고 위에 뿌려먹는 소스만 해도 수십가지가 있대.
이런 사실을 알아야 더 스테이크를 맛있게 먹을 수 있겠지?
유미야! 1년전 시계공부하면서 시계바늘이 꼭 포크 같다고 해서
우리 모두 웃었는데 그림을 보니 그때 생각이 난다 ^^

채예림/초등

나의 취미는   책   읽기 와   잠자기 이다.
책을 읽으면, 나와 다른 세계가 있는 듯한 느낌이 든다.
잠을 자면, 꿈을 꾸는게 좋은 것 같다.
꿈에선 내가 무엇이든 될 수 있고, 하고 싶은 건 다~ 할 수 있다.
가끔 그런 꿈속에서 살고 싶은 생각도 든다.

꿈속

오빠도 가끔 정말 원하는 것을 다가지는 꿈을 꿀 때가 있어.

꿈을 꾸는 잠시 동안은 황홀하지만 잠에서 깨면 얼마나 허무한지…

하지만 현실에서도 노력을 하면 꿈에서처럼

원하는 것을 충분히 이룰 수 있을거라고 생각해.

꿈같은 현실을 반드시 노력으로 만드는 예림이가 되기를 응원할게!

나의 장래희망은 마을버스 운전기사이다.
노선도가 짧고 운전하기 쉬워서이다

마을버스 운전기사

동준이는 마을버스를 자주 이용하는가봐.
마을버스의 특징에 대해서 정확히 알고 있는것 같네. 맞아, 동준이의 말대로
마을버스는 일반 버스보다 노선이 짧아서 운행이 금방 끝나고, 또 크기도 작아서
운전도 아마 큰 버스보다 쉬울 수도 있어. 하지만 마을버스는 일반 버스가
가지 못하는 마을 구석구석까지 우리들을 편하게 실어다 주잖아?
사람들에게 꼭 필요한 발 역할을 해준다는 마음으로 하다보면
동준이가 운전하는 마을버스가 최고의 마을버스로
또 최고의 버스기사님으로 사람들에게 기억될 수 있을거야.

나의 꿈은 요리사다.
멋진 요리사가 되어
가족들에게 따뜻한 요리를 만들어 주고 싶다.

요리사

최고의 요리사가 되려고 열심히 노력하다보면
반드시 가족들에게
맛있는 요리를 직접 해줄 수 있는
날이 찾아 올 거야.
철민이의 요리사 모자가 정말 멋지다 !

수학 선생님

'삼중고의 천사'로 불리는 헬렌 켈러는

보지도, 듣지도, 말하지도 못하는 3가지의 장애를 겪었던 사람이야.

하지만 강인한 의지와 정신력으로 장애를 극복해

많은 존경을 받았어.

또한 자신과 같은 장애인들을 돕기 위해

모금활동을 벌여 장애인들을 위한 학교를 세우고 재단을 만들기도 했지.

우리 가을이 역시 헬렌 켈러 같이 자신의 어려움을 극복하고

다른 학생들을 열심히 도와주는 수학선생님이 될 수 있을 거야.

윤하나/초등

나는 커서 바이올린 연주자가 되고 싶다.
아름다운 소리로 사람들의 마음에 평안을 주고 싶기 때문이다.
나의 연주 소리로 모든 사람이 행복해졌으면 좋겠다.

나는 커서 바이올린 연주자가 되고 싶다

오빠도 마음이 답답할땐 신나는 음악을 듣거든
그러면 어느새 기분이 좋아지더라구.
음악에는 마음을 움직이는 신비한 힘이 있는 것 같아.
마음으로 하는 연주는 사람들을 울게도 하고 웃게도 하는
마법같은 힘을 가지고 있는것 같애.
하나도 사람들에게 감동과 즐거움을 줄 수 있는
뛰어난 바이올리니스트가 분명 될 수 있을 거야.

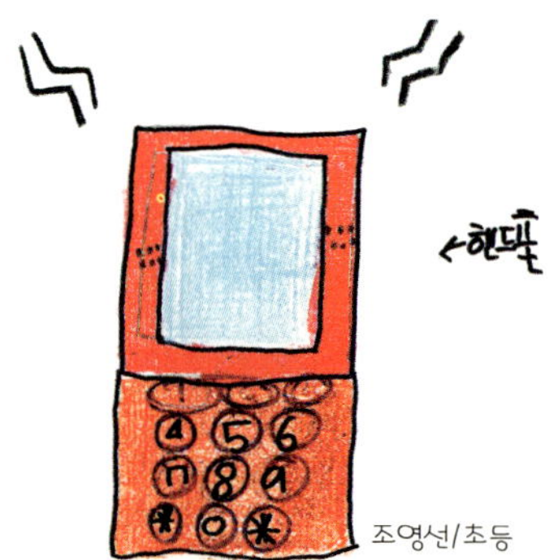

조영선/초등

핸드폰을 그린 이유는
유빈이랑 전화를 할 수 있어서이다.
그리고 엄마, 아빠, 할머니, 할아버지에게
생신날 축하하고 싶다.

핸드폰

소원으로 핸드폰을 그렸네.~
핸드폰이 있으면 친한 친구와도 전화를 할 수 있고,
글에 적힌 대로 부모님, 할머니, 할아버지의 생신날
축하 문자도 할 수 있을텐데... 하지만 핸드폰으로 안부를 묻는 것 보다
직접 만나 축하를 드리는 것이 더 뜻 깊을 것 같아.
물론 지금은 그럴 수 없는 힘든 상황이겠지만,
반드시 그런 날이 꼭 올 거야.
나도 영선이의 소원을 위해서 원장님과 함께 기도할게.

박영준/초등

나는 택시기사가 되어서
택시회사의 사장님이 되고 싶다.
손님들을 집까지
안전하게 태워다주고 싶다.

택시회사 사장님

와우! 택시회사 사장님이 손님들을 위해
직접 운전을 해야겠다는 생각을 하는
영준이는 꼭 큰 택시회사의 사장님이 될 수 있을 것 같구나.
사장님이 직접 손님들을 위해 운전 하는 모습은
다른 직원분들께도 큰 힘과 용기를 줄 수 있을 테니깐 말이야.
이다음에 형 잊어버리지 말고 꼭 태워주길 바란다^^
아자 아자 횟팅!

내가 지금 꼭 보고 싶은 곳이 천국이다.
내가 하나님을 알았을 때 제일 먼저 가보고
싶은 곳이었다.
나중에 죽어서 지옥에 안 가고 천국에
갔으면 좋겠다.

가고 싶은 천국

교회를 다니지 않는 사람이라 하더라도

지옥보다는 천국에 가고 싶어 하지 않을까?

형도 죽으면 천국으로 가고 싶거든^^

우리들 마음대로 천국을 왔다갔다 할순 없는 곳이지만

사람들 마음속에는 착하게 살면 천국으로 갈 수 있다는 생각들은

모두 가지고 있는거 같아.

우리도 죽어서 꼭 천국으로 갈 수 있도록 착하게 좋은 일 많이 하면서 살자^^

김동현/초등

나는 지금 MP3가 있는데 난 MP4가 갖고 싶다.
이유는 지금 시대에 유행이고
멋있고 터치폰처럼 터치를 하기 때문이다.
그리고 게임도 할 수 있어서이다.

MP4

사실 형도 MP4랑 터치폰 가지고 싶거든.
여러가지 기능도 많고....그러나 동현아 !
동현이가 가지고 있는 MP3가 노래만 들을 수 있어서
노래뿐만 아니라 동영상도 같이 보고 싶은가 보구나!
지금의 MP3에 애정을 가지고 사용하다 보면 어느새 MP4가
내앞에 와 있을수도 있어 희망을 가지고 우리 그날을 함께 기다려 보자 ^^

나의 꿈은 의사이다.
왜냐하면 엄마가 아프면 공짜로 치료해줄 수 있어서이다.

나의 꿈은 의사

엄마를 사랑하는 상우의 마음이 느껴져서 가슴이 따뜻해지는 것 같아.
자신의 꿈을 엄마를 위해 꾸고 있는 모습도 기특하고 말이야.
상우야, 지금부터 꿈을 위해 한 걸음 한 걸음 최선을 다하기를 바래.
의사가 되기 위해서는 공부도 물론 열심히 해야 하지만,
다른 사람들을 배려하는 연습도 많이 해야 될거야.
모든 사람들을 진심으로 사랑하고 아끼는 마음이 있어야
좋은 의사선생님이 될 수 있을 테니까 말이야.

나의 꿈은 요리사이다.
멋진 요리사가 되어 가족들에게 따뜻한 요리를 만
들어 주고 싶다.
언젠가....그런 날이 오겠지.

멋진 요리사

난 요리사가 정말 멋져 보일 때가 많더라
음식을 맛있게 만들어 사람들을 즐겁게 해주기도 하고,
요리마다 여러가지 맛을 느끼게 해주는 요리사가
아름다운 예술가처럼 느껴지기도 해.
동현이는 가족을 사랑하는 따뜻한 마음씨까지 가졌으니
이 세상에서 가장 훌륭한 요리사가 될 거라 믿어.
동현이의 요리로 가족들이 함께 모여 행복해 할
그 날이 꼭 빨리 오기를 기도할게.

행복한 가정을 바라는 아이들

가족 모두가 함께 모여 살아가는 평범한 일상도
이곳의 아이들에겐 크나 큰 특별함이다
아이들의 마음속엔 행복한 가정이라는
채울 수 없는 동경이 자리하고 있다.

궁전 같은 집

집이 정말로 궁전 같구나.

가족 뿐 아니라 가까운 친척들까지도 모두 불러 살아도 방이 남을 것 같아.

밖에 있는 정원에는 아름다운 꽃들이 피어있고,

나무에도 맛있는 열매가 가득 열려있네.

그림만 봐도 지수가 어떤 마음인지 알 수 있을 것 같아.

지수가 바라는 대로 꼭 가족 모두 모여 함께 살 수 있을거야.

조유미/초등

10년 후 나의 모습
우리 가족은 한 번도 가족사진을
찍지 않은 것 같다.
그래서 찍고 싶어서 그린 것이다.

10년 후 나의 모습

가족들이 모두 모이니까 9명이나 되는구나.
요즘 같은 시대에 쉽게 찾아보기 힘든 대가족인 것 같아.
10년이 지난 뒤 다들 사회생활을 하게 되면 그림 처럼 다 같이 모이는 게
쉬운 일만은 아니겠지만 의지할 수 있는 형제들이 저렇게 많이 있다면
어렵고 힘든 일이 있어도 정말로 든든할 것 같다.
유미야 반드시 10년 뒤에 다 같이 모여서
가족사진을 찍을 수 있기 바란다.

조가을/초등

내가 살고 싶은 집

작지만 아담한 집에서 살고 싶은가 보구나.
어른들께서 행복한 가정이란 많은 재산이나 큰집 같은 물질적인 것 보다는
가족끼리 서로 아껴주고 많이 챙겨주면서 살아가는 것이
가장 큰 행복이라고 말씀하시는거 같아.
가을이도 이다음에 커서 가족들이 생기면
어른들의 말씀처럼 서로를 아껴주는
그런 가정을 만들어 나갔으면 좋겠다.

나의 소원은 엄마가
건강하게 돌아오셔서
나랑 찬경이랑 엄마,
이렇게 셋이서
행복하고 건강하게 살고
아무 걱정 없이
 행복하게 살고 싶다....

최문경/초등

다른 가족들처럼 엄마랑 셋이서
화목하고 건강하게 살고 싶다.

엄마랑 셋이서

그림에 있는 엄마의 표정과 문경이의 표정이 너무나도 슬퍼 보이네.
하지만 엄마는 반드시 다시 돌아오실 거야.
문경이도 울지 말고 씩씩하고 건강하게 자라나야
엄마가 걱정하지 않으시겠지?
그래야 엄마의 건강도 더욱 좋아지실 거고...
가족들이 건강히 함께 모여 화목하게 사는 날이 꼭 올거고
그렇게 되기를 기도할께. 문경아! 힘내.

나는 큰 집에 마당이 있는 집에 살고 싶다.
큰 집에서는 가족과 다같이 살고 싶고,
마당에서는 과일나무를 키우며 살고 싶기 때문이다.

마당이 있는 집

넓은 마당과 커다란 2층 집은 많은 사람들의 꿈인 것 같아.
그 소원이 정말로 이루어졌으면 좋겠다.
그런데 마당이 넓은데 나무는 한그루 밖에 없네…
실제 저런 집에서 살게 되면
더 많은 나무를 심어서 열매들을 이웃과도 나누길 바란다.
나누면 나눌수록 더욱 행복한 가정이 될거야.
유림아, 우리 아프리카 저체온증 아이들을 위해
모자뜨기를 하면서 나누면 기쁘다는걸 이미 알고 있잖아.^^

저의 소원♥은...가족들과 함께 넓고 푸른 하늘을
여행하는 것입니다...

가족과 함께 여행을

하늘에 둥둥 떠다니는 무지개색 열기구를 타고
가족과 함께 여행을 떠나고 싶은가 보구나.
원래 열기구는 기상관측용으로 만들어 졌는데
요즘은 놀이기구의 일종으로 알고 있는 사람들이 더 많은 것 같애
아마 제주도에 열기구를 태워주는 곳이 있다고 들었어.
혜진이가 커서 혜진이의 가족이 생길때쯤엔
열기구를 탈 수 있는 곳이 전국에 더 많이 생겼으면 좋겠구나.

나의 소원은 할머니가 오래오래 건강하게 사시는 것이다.
왜냐하면 할머니가 우리에게 인생이야기를 해주시고
아낌없이 맛있는 것을 만들어 주시거나 사주시니까.
그리고 할머니에게 힘이 될 만한 손자는 우리밖에 없다.

할머니

할머니를 사랑하는 손자의 사랑이 여기까지 느껴지는 걸.

할머니가 평소에 도움이 되는 지혜로운 이야기도 많이 해주시고

맛있는 것도 많이 만들어 주셨나봐.

또 그런 할머니의 사랑이 근범이에게도 큰 힘이 되었겠지.

그리고 할머니도 그런 근범이가 있기에 분명히 큰 힘이 되셨을 거야.

할머니가 오래오래 건강하게 사시길 바라는

근범이의 소원은 반드시 이루어 질거야.

형도 함께 기도할께.

소방관

불이 나면 언제나 쏜살같이 달려와
불도 꺼주고 사람들도 구해주는 소방관은 정말 멋진 직업 인것 같애.
요즘 119 소방대원 아저씨들은 화재뿐만 아니라
시민들이 곤란한 일이 생겨도 늘 달려와 해결해 주시는
맥가이버 같은 존재이신거 같아.
영준이도 맥가이버처럼 다방면에서 뛰어난 멋진 소방관이 되길 바란다.^^

내가 아빠라면 가족들에게 사랑이 담긴 맛있는
요리를 만들어 줄 것이다.

요리하는 아빠

정말 보기만 해도 맛있게 생긴 요리들이 잔뜩 있구나.
아이들과 아내가 정말로 좋아할 거 같아.
맛있는 요리를 만들기 위한 최고의 소스는 무엇인지 아니?
뛰어난 요리 실력으로 유명한 가수 알렉스 씨는
요리를 맛있게 만들어주는 최고의 소스는 바로 사랑이라고 했어.
맛있는 요리에는 좋은 재료, 좋은 솜씨도 중요하지만
사랑을 빼고 요리하면 팥 없는 찐빵 같은 요리가 될 수 있으니
늘 요리할 땐 가족을 사랑하는 마음을 잊지 말자 원빈아~^^

재미있는 집

집으로 향하는 길이 정말 꼬불꼬불 재미있게 생긴 것 같구나.
그림을 보니 호기심이 많아서 가끔 수업시간에
엉뚱한 질문으로 혼도 나고 할 것 같은데, 맞지?
하지만 에디슨, 레오나르도 다빈치와 같이
뛰어난 발명가, 예술가들은 모두 하나같이 호기심이 많았어.
얼마나 호기심이 많았으면 달걀을 직접 품으려고 했겠니.
호기심이 많은 사람들은 남들이 생각하지 못하는
큰일을 더 많이 할 수 있으니까 힘내자!

내 소원은 우리 아빠가 담배를 피우지 않는 것이다.
그래서 우리 아빠를 아프지 않게 할 것이다.

아빠, 담배 피우지 마세요

저런, 아빠가 담배를 많이 피우시나봐.
종범이가 저렇게 간절히 금연을 바라고 건강을 걱정할 정도면 말이야.
사실 담배는 정말로 건강에 좋지 않아.
지금은 돌아가신 코미디언 이주일 선생님도
'담배는 맛있지만 독약입니다' 라고
광고에서 얘기했거든.
지금 종범이의 간절한 마음을 아빠도 언젠가 알게 되셔서
반드시 금연에 성공하게 되실 거야.

나의 소원은
내 동생 유빈이가 건강해지는 것이다.
유빈이가 건강해져서 해피홈에 오게 되면
맛있는 과자도 많이 사줄 거고
학교도 매일 데려다 줄 것이다.

내 동생 유빈이

동생이 많이 아프구나. 걱정도 많이 하고 있고…
동생도 치료 받으면서 영선이 생각을 많이 하고 있을 거야.
이렇게 동생을 아끼고 사랑해주는 영선이가 있기 때문에
동생은 반드시 건강해질 거야.
국내의 한 병원에서도 태어나자마자 너무 아픈 아이가 있었는데.
쌍둥이 형과 한 곳에서 있게 해주자 금방 회복되어 건강해졌대.
동생을 생각하는 마음이 유빈이에게 잘 전달되서
유빈이는 반드시 건강해 질거야! 영선아! 힘내 ︿︿

황성현/초등

멋진 아빠

멋진 선그라스에 빨간바지, 초록셔츠 진짜 성현인 재밌고 센스있는
훌륭한 아빠가 될 수 있을 것 같다.
두 팔을 벌리고 있는걸 보니
항상 아이들을 안아 줄 마음의 준비도 되어 있는 것 같고…
성현이를 아빠로 둔 아이들은 정말 행운인걸!!

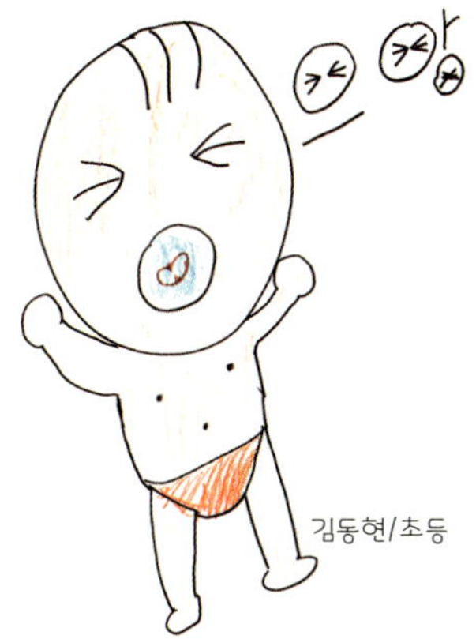

나에게 세 살 된 아이가 있다면
잘 키우겠다.

세 살 된 아이가 있다면

하하하, 아이 표정이 정말 익살스럽구나. 맞아.
아이들은 어려서부터 잘 키우는 것이 매우 중요해.
어렸을 때부터 아이를 사랑으로 잘 키우는 멋진 아빠가 되었으면 좋겠다.
동현아! 애기가 조금 추워 보이는데
나중에 동현이 애기는 항상 옷 입혀서 키울거지? ㅎㅎ

최은지/초등

아빠와 함께 하는 운동

아빠와 엄마가 함께하는 시간은 자녀들에게 정말 중요한 거 같아.
우리나라는 자녀들의 교육을 대부분 엄마 혼자 하시는 경우가 많은데 아빠도
자녀의 교육을 함께 신경 쓰신다면 훨씬 더 아이들에게 정서적으로 좋을 것 같아.
그러나 아버지들은 회사일도 하셔야 되고 바쁘신 일들이 많으시니깐 아이들과 함께
운동하고 놀아 주는게 쉽지 않은 일이신가봐 ^^ 함께 많은 시간을 보내주지 못한
이런 아빠의 모습이 많이 섭섭했구나. 대신 아빠가 돼서 아이들과 같이 운동 할
생각을 한거 보면...이 다음에 나도 아빠가 될텐데 아침마다 아이들과 같이
운동 할 수 있을지 조금 걱정이 되기 시작하는걸 ^^

조유미/초등

내가 살고 싶은 집을 그렸다.
마당이 있는 집, 2층집에서 살고 싶다.

이층집

우와~ 유미야 집이 정말 크고 마당엔 잔디도 고르게 나 있고 멋지다.
2층에선 연기가 나는걸로 보아 음식을 만드는 중인가봐
물론 유미가 만들고 있는 거겠지? ^^
무슨 음식을 만들고 있나 궁금해 지네..
가르쳐 주면 안될까? ^^

엄마를 사랑해요

세상에서 가장 아름다운 것 중 하나는 엄마의 사랑이라고 해.
철학자중에
'하늘이 준 선물 중에 가장 큰 것은 바로 엄마' 라고 까지 말했으니까.
하지만 그렇게 큰 사랑을 받은 우리는 어른이 돼서야
그 사랑의 위대함을 깨닫는 것 같아.
지수는 그런 엄마의 사랑을 벌써 잘 이해하고 있는 것 같구나.
어른이 되서 아기에게 사랑한다는 말을 많이 많이 듣는
행복한 엄마가 되길 바래.

빨리 엄마가 되고 싶다

벌써 엄마가 되고 싶은 걸 보면 '엄마' 가 정말로 따스하고 크게 느껴졌나 봐.
엄마가 영선이의 눈에 그렇게 보였던 것은 그만큼 엄마가 영선이를 사랑하고
위하는 마음이 크다는걸 영선이가 잘 알고 있었기 때문이겠지.
'엄마 찾아 삼만리' 라는 소설을 보면 비록 엄마와 아들이 떨어져있지만
서로를 사랑하는 마음은 잃지 않고 결국 다시 만나서 행복하게 살아가잖아.
서로를 사랑하고 이해하는 엄마와 영선이처럼 말이야
빨리 커서 영선이의 바램처럼 예쁜 아이도 낳고 행복하게 살수 있을거야 힘내!

나에게 세 살짜리 아이가 있다면?
아이에게 나의 인생을 들려줄 것이다.
꿈을 이룰 수 있게 옆에서 도와줄 것이다.

꿈을 들려주고 싶다

아이의 성장기에 부모님만큼 큰 영향을 미치는 존재는 없을 거야.
태경이처럼 자녀가 어려서부터 꿈을 이룰 수 있는
인생 이야기를 멋지게 들려준다면
그 아이의 미래는 틀림없이 밝을 거야.
당당히 꿈을 이뤄 미래의 자녀에게
큰 도움을 주는 멋진 부모가 되기를 바란다.

진하나/초등

크리스마스 하면 생각나는 것은 선물, 가족이 생각난다.
선물은 크리스마스 등과 같은 날에 받는다.
그래서 크리스마스 하면 가족이 생각난다.
가족과 크리스마스를 많이 지내지 못해서
함께 보내고 싶다.

크리스마스 선물

크리스마스하면 가장 먼저 떠오르는 산타 할아버지는
원래 밀라노에 사는 니콜라스라는 할아버지였어.
할아버지는 동네에서 가난으로 고생하는 사람들의 집을 찾아 다니며
남몰래 그 사람들에게 필요한 돈과 물건들을 대문 앞에 놓고 다녔는데
이 이야기가 퍼져서 지금의 산타할아버지 이야기가 탄생한 거래.
이번 크리스마스엔 가족과 함께 보내고 싶은 하나의 소원을 산타할아버지께서
짠! ~하고 꼭 들어 주실거야~ ^^

박혜인/중등

나에게도 세 살 된 딸이 있다면
세 살 된 딸을 키우셨던 우리 엄마의 마음을 느낄 수 있을 것이다.
이런 마음을 경험해 보고우리 엄마에게 감사한 마음을 가질 수 있는
시간을 가져봤으면 좋겠다.

엄마, 감사해요

낳실제 괴로움다 잊으시고
기를제 밤낮으로 애쓰는 마음 진자리 마른자리 갈아 뉘시며
손발이 다 닳도록 고생하시네~ ♬
혜인이의 엄마에게 감사한 마음을 읽으니 어버이날 노래가 생각났어.
이 노래 가사를 쓰다보니 부모님이 우리를 이 세상에 낳아 주신것만 해도
너무 감사한 일 인것 같아 그치 혜인아?

나의 소원...
첫 번째는 공부
를 열심히 해서
좋은 대학가고, 두 번째는 많은 돈을 가져서 나우어 주고
싶다. 세 번째는 강아지나 개를 키우고 싶고
내 번째는 부모님께 효도하고 싶다.
또 다섯 번째는 행복한 가족을 만들고 싶다.

다섯 가지 소원

하하하. 첫 번째 소원은 나랑 똑같구나.
나도 내가 원하는 대학을 들어가서 열심히 공부하고 싶거든.
너무 조급하게 생각하지 말고
지금의 소원을 노트에 적어놓고 현재 상황에서 할 수 있는 것들부터
한 가지씩 이루기 위해서 노력해보자.
소원을 이루기 위해 열심히 노력하다 보면
어느새 소원은 현실이 되어 있을거야 꼭!
우리 모두 힘내자 홧팅!

마당이 넓고집도 큰 집에서 아기들과 살고 싶다.

나의 미래

그림에 나와 있는 귀여운 아기들을 보니 미소가 절로 나오네.
아빠는 출근 하셨나봐^^
아기가 한명은 엄마의 눈을 닮고 한명은 아빠의 눈을 닮았나보다
막내 아기의 눈이 크고 동근걸 보니…^^
아빠 엄마를 닮은 예쁜 아기들과 넓고 큰 집에서 재미있는 시간을 보내며
꼭 행복하게 살길 기도할께.

내가 왜 이 집에 살고 싶냐면
넓은 집이 있고
동물이나 곤충을 마음대로 키울 수 있고
다락방이 있어서 넓고 좋을 것 같다.

다락방이 있는 집

와! 집이 세 개나 연결되어 있네.
근범이 말대로 동물들이랑 곤충들을 얼마든지 키울 수 있을 것 같다.
햇님도 반짝반짝 베란다에 있는 화분의 꽃을 향해 비추고 있고,
집안에 들어가 보진 않았지만 참 따뜻하고 행복한 집인 것 같다.

최은지/초등

가족사진

가족들이 서로 떨어져 사는 것은 분명 매우 힘든 일이야.
하지만 조금 힘들어도 꿋꿋이 이겨내고
현재의 일에 최선을 다하다보면,
반드시 지금의 소원을 이룰 수 있게 될거야.
그림처럼 활짝 웃으며 가족사진을 찍는 날이
빨리 오기를 이 오빠도 응원할게^^

나 혼자 살 수 있는,
그런 작은 집에서 살고 싶다.

작은 집

예림이는 혼자서 하고 싶은 일이 많은가봐.
그럴 땐 혼자서 조용히 지낼 수 있는 집이 확실히 필요하긴 해.
하지만 가족들과 함께 살 수 있는 집이 좀더 따뜻하지 않을까?
가족만큼 힘이 되고 의지가 되는 것은 없는 것 같아.
예림이의 꿈이 꼭 이루어 지길 바래.

이은지/초등

친구 같은 엄마

아이들을 벌써부터 생각하는 마음을 보니,
은지는 진심으로 아이들을 사랑하고 아껴주는 엄마가 될 수 있을 것 같아.
엄마의 힘은 정말 강하지. 지난 번 미국에 엄청난 폭풍이 왔을때
아이들을 침대 매트리스 밑에 숨겨놓고
자신은 폭풍 속에서 목숨을 바친 어머니의 감동적인 이야기처럼 말이야.
아참! 2월달에 오빠네 집에 놀러와서 저녁상 차릴 때 오빠 엄마를 도와 수저랑
반찬등을 상위에 가져다 놓는 솜씨가 짱이던걸. 은지는 살림솜씨도 좋고
아이들에게도 늘 배려하는 따뜻하고 좋은 친구같은 엄마가 반드시 될 수 있을거야.

나의 소망은 가장 먼저
다 같이 가족들이 모이는 거고
그 다음엔 서로 즐겁게 대화하는 거예요.
즐기며 살아갔으면 좋겠어요.

가족 간의 대화

현재 우리나라 가정에 많은 문제가 생기는 가장 큰 이유는
가족 간의 대화가 없기 때문이래.
비록 가족이지만 모두의 성격이 다르고 세대가 다르고,
관심사가 다르기 때문에 노력하지 않으면 서로 화합하지 못하고 마음을 터놓지
못하기 때문인거 같아. 하지만 서로의 생각을 조금만 들어주려고 노력하면
생각보다 대화는 쉽게 나눌 수 있을 것이고 건강한 가정이 될 수 있다고 생각해.
즐거운 가정은 대화에서부터 시작되거든.
진영아! 우리는 커서도 가족간의 대화의 중요성을 잊지 말자!

조영선/초등

이 집을 그린 이유는 내가 멋진 집을 타고우주를 가고 싶어서이다.

우주여행

우주를 여행할 수 있는 집이라! 너무나 멋진 생각이다.
지금의 과학 발전 속도라면 영선이가 어른이 되었을 때는
정말로 실현 가능한 일일지 몰라.
정말로 우주를 여행한다면 어떤 기분이 들까?
나도 초등학교때 상상과학 그림 그리기를 하며
큰 차에 걸레를 달고 길거리를 청소하는 청소차를 그렸었는데
실제로 요즘 길거리를 청소하고 다니는 차가 나왔더구나.
반드시 우주를 여행할 수 있는 집도 생길 거라 믿어.

나는 바퀴가 달려서 움직일 수 있는 집에서
살고 싶다.
우리나라 이곳저곳을 다니며
갈 곳 없는 사람들을 재워주고 싶다.

바퀴달린 집

전국을 돌아다니며 집이 없는 사람들을 재워주고 싶다니
굉장히 착한 마음씨를 갖고 있구나.
사실 우리나라의 외딴 지역이나
멀리 떨어진 섬 같은 경우에는 지금도 병원이 없고,
학교가 없어서 고생하고 있는 곳이 아직도 있는걸로 알고 있어.
종환이와 같이 착한 마음씨를 가진 친구들이
집, 병원, 학교 같이 사람들에게 꼭 필요한 시설을 갖춘 바퀴달린 집을 몰고 다니면
엄청 큰 도움이 되겠다. 종환이의 바람이 꼭 현실이 되길 바란다.

나는 커서 돈의 가치를 알 수 있는 집에서 살고 싶다.
왜냐하면 저런 큰 집에서 살면서
돈의 가치가 어떤지 알 수 있을 것 같기 때문이다.

돈의 가치

저런 큰 집에서 살면 돈을 많이 벌어야 하는데,
우리 철민이는 돈에 대해서 관심이 많은 가봐.
세계에서 가장 돈이 많은 사람은 빌 게이츠와 워런 버핏이래.
그런데 워런 버핏은 절대로 자녀들에게 많은 용돈을 주지 않는다고 해.
바로 작은 돈의 소중함을 깨달을 때 진정한 돈의 가치를 깨닫게 된다고
생각하신대. 그 덕분인지 워런 버핏의 자녀들은 아버지의 도움이 없이도
많은 돈을 벌면서 행복하게 산다고 하더라. 철민이도 작은 돈을 소중하게 여기며
돈의 소중한 가치를 꼭 깨달을 수 있었으면 해.

내에게 세 살 된 딸이 태어났습니다. 엄마는 기쁘고 행복하고 아기는 엄마가 맘에 들어서 너무나 이쁘게 웃고 있습니다. 어부바를 하면서 자장가를 불러주기도 합니다. 아기도 엄마처럼 똑같이 음을 내기 시작했습니다. 그래서 항상 어부바를 하면서 노래도 불러주고 아기가 웃게 해주고 항상 행복하게 지내고 있는 모습입니다.

박수빈/초등

이제 막 태어난 아기들에게

이제 막 태어난 아기들에게 엄마 품만큼 따스한 곳이 있을까?
아이들은 시끄럽게 울다가도 엄마가 안아주고 자장가를 불러주면
이상하게 금세 잠이 드는 것 같아.
엄마 품에 안겨서 자고 있는 아이들의 표정은 정말 천사를 보는 것 같거든.
수빈이가 나중에 엄마가 되어 아이와 함께 자장가를 부르고
아이를 사랑하는 모습은 생각만 해도 미소가 저절로 지어지네.
아이와 함께 꼭 행복한 엄마가 되길 바랄게.

이재민/초등

날아다니는 교회

교회처럼 큰 건물이 하늘을 날아다니면
하늘을 날아 다니는 새들도 와서 잠깐 쉴 수 있고
참 좋을 것 같구나.
그러다보면 새들이랑 사람도 자연스럽게 친해질 수도 있을 거고 말이야.
재민이가 커서 가보지 못한 나라들을 여행 하면서 많은 사람들도 만나고
또 불쌍한 사람들을 만나면 도와도 주고 함께 놀아도 주면서
멋진 삶을 사는 어른이 되었으면 좋겠다.

나는 집을 편안하고 조용하게 꾸밀 것이다.
그래서 누구든지 우리 집에 들러
차를 마시고 맛있는 케이크도 먹으면서
여유를 즐길 수 있게 꾸밀 것이다.

여유를 즐기는 집

테이블에 맛있어 보이는 음식들이 가득 놓여있고
방안에는 예쁜 장식품들이 있어서 마치 카페를 그려 논 것 같구나.
이렇게 편안한 집이라면 누구나 꼭 한 번 놀러가고 싶을 것 같은데...
민들레 국수집이라는 곳도 누구나 찾아와서
국수를 먹을 수 있는 집인데, 가격은 '잘 먹었습니다' 라는
인사 한 마디라고 해. 작은 국수 한 그릇이지만 배고픈 사람들에겐
정말로 큰 도움이 될 것 같아. 혜진이가 꾸미는 집도 민들레 국수 집처럼
많은 사람들에게 큰 도움이 되는 곳이 되었으면 좋겠다.

조유광/유치부

우리 집 주변에 큰 정원을 만들 거예요.
꽃도 많이 심고 나무도 많이 심을 거예요.
누구나 찾아와서 볼 수 있게 만들 거예요.

큰 정원

정원에 꽃과 나무를 심으면 집 주변 공기가 정말로 좋아지겠다.
사람은 자연과 가까이 할 때 건강해질 수 있다더라.
나무와 꽃들은 우리가 내뿜은 이산화탄소를 신선한 산소로 바꾸어 줄 뿐만 아니라
우리 사람들 몸에 좋은 많은 물질들을 계속해서 내보내주기 때문에
사람들의 건강을 회복시켜주고 우울한 마음까지 치료해준다고 해.
유광이가 꾸민 정원이 도시생활에서 지친
많은 사람들의 편안한 휴식처가 되기를 바랄게.

이명주 / 유치부

집이 있으면 좋을 것 같아요.
해바라기도 심고 싶어요.
정말로 신나서 노래를 부르고 공주처럼 살고 싶어요.

공주처럼

그림에서 왕관을 왜 쓰고 있나 했더니 공주를 표현한 것이었구나.
저런 집에 근사한 정원까지 있으면 정말로 왕자,
공주가 된 것 같은 기분일거야.
정원도 열심히 손질하고 마을의 어린이들도 모두 불러서
함께 노래하며 뛰노는 아름다운 정원이 됐으면 좋겠다.

운동을 좋아하는 아이들

이곳의 아이들은 아픔을 잊기 위해 운동을 한다.

저마다 가지고 있는 가슴 아픈 사연들을 잊기 위해

아이들은 오늘도 구슬 땀을 흘리며

열심히 운동을 한다.

홍지성/초등

가족을 위한 세라머니

골키퍼 '김병지' 선수도 처음에는 수비수로 시작했다가
뒤늦게 골키퍼로 발탁되어 국가대표가 되신거래.
지금 당장 골키퍼가 되지 못했다고 해서 실망할 필요는 없어.
후보 수비수라는 지금의 모습에 실망하지 않고
자신의 가능성을 믿고 꾸준히 운동한다면 반드시 훌륭한 골키퍼가 되어
미래의 국가대표 선수가 될 수 있을 거야.
월드컵 같이 모든 국민들이 보는 경기에 나와서 꼭 가족들을 위한
세리머니를 할 수 있게 되길 바란다. 화이팅!!

나는 손흥민 선수가
최고 좋다.
축구도 잘하지만 나처럼 얼굴도
멋지다. 나의 꿈은 얼짱 축구선수
가 되는 것이다.

박종범/초등

얼짱 축구선수

손흥민 선수는 남자인 내가 봐도 정말 멋진 것 같아.
얼굴도 잘생겼을 뿐만 아니라 벌써 세계 4대 리그인 독일의 분데스리가에서
주전으로 뛸 만큼 축구 실력도 뛰어나잖아.
당연히 인기가 많을 수밖에 없겠지…
우리 종범이도 얼굴이 잘생겼으니 축구실력만 키우면 되겠구나.
열심히 연습해서 반드시 손흥민 선수처럼 멋진 축구선수가 되었으면 좋겠다.
그때 형 모른다고 안 할거지?^^

내가 좋아하는 운동은 농구이며
학교에서 농구를 자주한다.
농구를 할 때마다 골을 넣으면
기분이 좋아진다.

농구

성장기 때는 농구를 많이 하는게 좋대.
성장기 때 농구를 많이 하면 다리에 힘이 생겨서
키도 크는데 많은 도움이 된데.
골을 넣을때마다 기분도 좋아지고 키도 키울 수 있는 농구는
정말 좋은 운동인 것 같아.
지금은 형이 학교에서 야자를 해서 시간이 없지만
이번 여름 방학때는 꼭 멋지게 한판 붙어보자!.

나의 장래희망은 탁구선수이다.
탁구선수가 되어 선수들을 만나
탁구에서 이겨보고 싶다.
또 탁구를 널리 알리고 싶다.

탁구선수

성현아! 내 이름을 부르게 되니 이상한 기분이네ㅎㅎ
혹시 2004년 아테네 올림픽 때 19살의 나이로 세계최강 중국선수들을 물리치고
금메달을 땄던 유승민 선수 일고 있니?
유승민 선수가 이렇게 어린 나이에 대단한 일을 할 수 있었던 건 언제나 넘치는
자신감과 꾸준한 연습이 비결이었다고 해.
지금부터 열심히 연습하면 훌륭한 탁구선수가 되어
유승민 선수의 뒤를 있는 한국의 대표 선수가 될 수 일을거야.
형이랑 이름이 같은 성현이 아자아자 화이팅!

나는 야구선수가 꿈이다.
내가 만약 홈런을 친다면
하늘 끝~~~~까지 날려 보내겠다.

야구선수

이승엽선수 같은 홈런 타자가 되고 싶구나.
홈런은 한 방으로 큰 점수를 낼 수 있을 뿐만 아니라
보는 사람들의 가슴속까지 시원하게 만들어 주는 효과가 있는 것 같아.
작은 야구공이 짱하고 야구방망이에 맞을때의 속시원함을 느껴보지 못한 사람은
아마 잘 모를거야 원빈이의 야구공과 함께 원빈이의 꿈도
하늘 높이 높이 갈 수 있도록 이 형이 응원 할게.

내가 좋아하는 운동이다.
공을 던져서 넣을 때 기분이 좋다.
공을 넣으려고 점프를 할 때
하늘을 나는 듯한 기분이다.

점프

농구는 경기 특성상 점프 동작을 정말 많이 해야 되는 운동이야.
나는 아무리 높이 뛰려고 해도 하늘을 나는 기분이 안 들던데, 형이 농구하기엔
키가 작아서 일까 ^^ 농구 선수 중에 점프로 유명한 선수는 '농구 황제'
마이클 조던인데. 조던이 덩크를 하려고 뛰는 모습이 마치 하늘을 걷는 것 같다고
해서 '에어워크' 라는 이름까지 붙었데. 마이클 조던은 원래 농구 낙제생이었지만
꾸준한 노력으로 자신의 재능을 찾은 사람이야. 마이클 조던같이
절대 포기하지 않는 노력하는 사람이 되었으면 좋겠다. 형도 원빈이를 생각하며
무슨 일이든 최선을 다하는 사람이 될 수 있도록 노력할게.

내가 좋아하는 운동은 축구다.
공을 차면 속이 시원하다.

축구 경기

우와! 동현이가 그린 축구공에 불이 났구나 ㅎㅎ 그만큼 동현이의 축구공엔
파워가 있다는거겠지… 축구는 상대편 골대까지 공을 가지고 가서 골을 넣으려면
혼자만의 힘으로는 불가능하기 때문에 서로 주고받는 패스 플레이가 정말 중요해.
때로는 호흡이 잘 맞지 않아 짜증이 날 때도 있겠지만 그래도 계속 호흡을
맞추다보면 서로 맞춰가는 재미를 느낄 수 있게 되거든. 또 그런 플레이를 통해
골이 들어갈 때 더욱 큰 즐거움을 느낄 수 있는 것 같아.
형은 주로 수비수 아니면 골키퍼를 맡는데 동현이의 축구공처럼
힘센 공이 날아오면 막을 수 없을 것 같구나. 힘센 동현 화이팅!

나는 달리기를 좋아한다.
왜냐하면 달리기가 빠르면 도둑을 잡을 수 있다.

달리기

예전에 신문에서 읽은 내용인데
달리기 선수의 지갑을 훔친 도둑이야기가 나오더라고.
세계 신기록 선수의 지갑을 훔쳐 달아나던 도둑은
5초도 안되어 잡혔다고 해.
그림을 보니, 아마 올림픽이나 세계선수권 대회 같은데
빠른 달리기로 도둑도 잡을 뿐만 아니라 한국을 알리는
훌륭한 육상 선수로 자랐으면 좋겠다. ^^

자전거 타기

세발자전거만 타다가 갑자기 보조 바퀴도 없는 두 발 자전거를 타려고 하면
중심도 잘 안 잡히고 자꾸 넘어지게 되거든.
하지만 계속해서 타다보면 어느새 쉽게 탈 수 있는 실력이 되더라.
꾸준히 연습하면 분명 곧 잘 타게 될 거야.
다치면 안 되니까 보호 장비를 꼭 착용하고 타길 바란다.
친구들과 함께 아름다운 추억을 많이 만들기 바래.

내가 좋아하는 운동은 바로 축구이다.
축구를 하고 땀을 흘리고 나면
바람이 땀이 마르는 느낌은 너무 개운하고
상쾌한 기분이 든다.

운동의 상쾌함

많은 사람들이 운동을 즐기는 이유는 운동 자체의 즐거움도 있겠지만
하고 난 뒤의 상쾌함 때문이기도 해.
하지만 이 느낌은 조금 커서 알게 되는 것이 보통인데
벌써 이런 기분을 느끼는구나....
그런데 축구는 날씨가 추우면 하기가 힘들잖아.
어서 날이 풀려서 따스한 햇볕 아래에서 함께 축구를 할 수 있었으면 좋겠다.

최은지/초등

내가 좋아하는 운동은 줄넘기다.
왜냐하면 전체적으로 좋고
키도 크게 해주기 때문이다.

줄넘기

줄넘기는 체력뿐만 아니라, 살도 빼주는 좋은 운동이란다.
하루에 10분만 투자해도 큰 효과를 볼 수 있는 좋은 운동이래.
하지만 그렇다고 너무 많이 하면 안 돼.
적당한 줄넘기는 은지가 말한 대로 키 크는데 도움을 주지만,
너무 과도하게 하면 무릎이 다칠 수도 있거든.
그러니까 시간을 꼭 정해놓고 대신 매일매일 하길 바래.
그리고 이왕이면 아침보다는
몸이 충분히 풀려있는 오후나 저녁 시간대에 하는 것이 좋대.

나의 취미는 달리기이다.
내가 취미로 달리기를 하듯이
나의 꿈을 향해
달려 갈 수 있는 사람이 되어 꼭 성공할 거다.

꿈을 향해

달리기에 골인 지점이 있듯이 모두의 인생에도 목표가 있고 꿈이 있잖아....
하지만 꿈이 클수록 경주가 길어지기 때문에 많은 사람들은 중도에 포기하곤 해.
마라톤 선수들보다 조금 느릴지는 모르지만 그 꿈을 향해 지치지 않고
계속해서 꾸준히 노력하다 보면 누구나 인생의 목표와 꿈을 이룰 수 있을 거야.
철민이와 함께 이 형도 꿈을 향해 달려야겠다.
우리 함께 힘내자!

내가 좋아하는 운동은 바로 야구다...
야구는 재미있다. 야구는 큰 사람만 할 수 있는 것
이 아니라 나이도 높고 키가 크고 몸도 튼튼해야
야구를 할 수 있는 것이다. 감독님은 무섭지만 혼을
내는 것이 아니라 잘하라는 것이다.

장점 키우기

야구는 모든 운동 중에서 가장 다양한 훈련을 하는 운동이야.
또 신체적인 제약을 가장 덜 받는 운동이기도 해.
축구나, 농구, 배구와 같은 운동들은 나이가 들면 하기 힘들고,
또 키나 체격의 영향을 많이 받지만 야구는 관리를 잘하면 나이가 많아도
할 수 있고 또 키가 작거나 살이 많이 쪄도 충분히 잘 할 수 있으니까...
단점에 신경을 쓰기 보다는
장점을 보고 강점으로 키워가는 영선이가 되었으면 좋겠다.
그리고 감독님이 야구를 잘 하라고 혼낸다는걸 아는 우리 영선이! 참 멋지다 ^^

저는 축구를 좋아합니다.
축구는 공 하나를 가지고 몇 명이고 많이 놀 수 있
어서 좋아요.

많은 사람에게 기쁨을 주는 사람

정말 그래.
축구는 공만 있으면 어디서든 즐길 수 있는 거 같아.
때로는 골대가 없어도 괜찮고 사람이 좀 적어도 언제나 함께 즐길 수 있어.
공 하나를 가지고 함께 즐거울 수 있으니
정말 좋은 운동인 것 같아.
우리도 이다음에 축구공처럼 많은 사람들에게 즐거움을 줄 수 있는 사람이 되자.
하나의 공으로 많은 사람들이 즐기듯,
진우야! 나 하나를 통해 많은 사람들에게 기쁨을 줄 수 있는 사람이 되자.

나는 달리기를 정말 좋아해요.
하지만 때로는 1등을 못할 때도 있어요.
하지만 괜찮아요.
달리기를 하면 기분이 정말 좋고 행복하니까요.

좋아하는 일

내가 다니던 초등학교에서도 운동회 때마다 달리기를 했는데,
3등 안에 들어야 공책을 선물로 줬어.
그래서 운동회만 되면 이를 악물고 죽을힘을 다해 달렸던 기억이 나.
그런데 우리 두나는 1등을 하지 않아도 괜찮다고 하는 걸 보니
달리기 자체를 정말로 좋아하는 것 같구나.
좋아하는 일을 하는 사람은 정말 행복하겠지….
무엇보다도 정말로 하고 싶은 일을 즐겁게 할 수 있는 사람이 되길 바래.

임현주/초등

내가 좋아하는 것은 줄넘기입니다.
줄넘기는 재미있습니다.
줄넘기는 계속 사용할 수 있습니다.

내가 좋아하는 것은 훌라후프입니다.
훌라후프는 재미있습니다.
계속 사용할 수 있고,
하고 싶을 땐
언제든지 할 수 있습니다.

어린 시절의 추억

줄넘기와 훌라후프는 세월이 흘러 나이를 먹어도, 갑자기 키가 쑥쑥 커버려도
새로 사지 않아도 돼. 줄넘기는 키에 맞게 줄을 늘이고,
훌라후프는 그대로 허리에 맞춰서 사용할 수 있으니까.
단, 잃어버리지만 않는다면 말이야. ㅎㅎ
지금 어린 시절의 추억들도 줄넘기와 훌라후프처럼 소중히 간직했으면 좋겠다.
우리가 함께 지냈던 시간들도 절대로 잊지 말자.
나도 꼭 기억할게.

피구-내가 가장 좋아하는 운동
공을 이리저리 피하고
상대편도 맞히기도 하는 운동

피구

피구 얘기를 하니 피구왕 만화가 생각나는 걸.

피구왕 통키 였던가 어떤 상황에서도 포기하지 않고 노력했던 주인공의 모습이

기억에 남아. 피구는 공에 맞으면 아웃이 되는 게임이야.

하지만 아웃이 되도 상대편 코트의 밖으로 나가서 게임에는 계속 참여 할 수 있어 .

아웃이 됐다 하더라도 노력한다면 승리에 큰 도움을 줄 수 있지.

우리도 살아가면서 피구처럼 한번쯤 아웃이 되더라도 좌절하거나 슬퍼하지 말고

꾸준히 그리고 열심히 노력하는 사람이 되자!

좌절금지 OTL 알지? ㅎㅎ

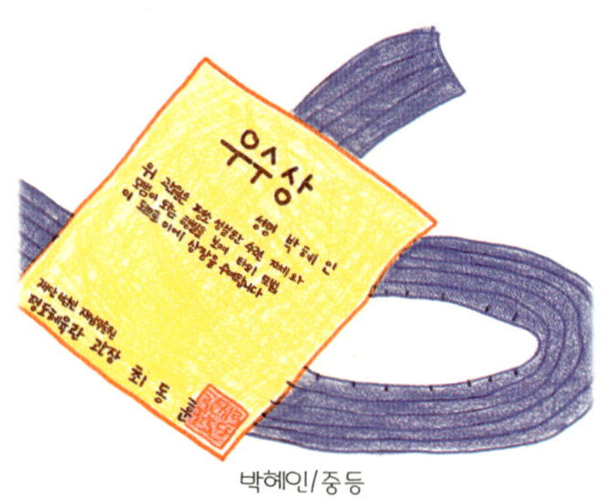

박혜인/중등

나는 운동중에서 합기도가 제일 좋다.
합기도는 나의 몸을 지킬 수 있고,
배우면 더 재밌고, 많은 어린이들이 배운다면
범죄를 쉽게 예방할 수 있을 것이다.

합기도 최고!

우와, 우수상을 받은 걸 보니 합기도 실력이 대단한가봐...
혹시 합기도와 다른 무술들의 차이점에 대해서도 알고 있니?
대부분의 무술들은 상대를 공격하는데 목적이 있는데,
합기도는 자신의 몸을 지키는데 목적이 있는 무술이야.
사람들 몸을 지켜주는 호신술이라고도 할 수 있지.
범죄를 막아주고 몸을 지켜주는 합기도를 배운 사람이니 혜인인 커서
다른 사람들에게 반드시 큰 도움을 주는 멋지고 훌륭한 사람이 될 수 있을거야.
혜인이가 젤루 좋아하고 잘하는 합기도 열심히 하길 바란다.

나의 취미는 축구이다.
왜냐하면 내 장래희망이 축구선수는 아니지만
축구를 하면 기분이 좋아지고
재미도 있기 때문이다.

내가 좋아하는 축구

축구는 물론 재미도 있고 하고 나면 기분도 좋아지는 운동이야.
그리고 우리 몸의 발달에도 큰 도움을 주는 운동이야.
축구를 통해 다리 근육을 발달시킬 수 있고, 순발력과 협동심을 기를 수 있기
때문이지. 그래서 아동기와 청소년기 때에는 축구, 농구와 같이 여럿이 공을
가지고 하는 운동을 자주 해주는 게 큰 도움이 된다고 해. 미국의 명문
하버드 대학의 연구에 따르면 매일 운동을 하는 사람들이 공부도 더 잘하고
사회생활도 더 잘하게 된데. 좋아하는 축구를 통해서 기범이가 꿈꾸는 다른 일들도
더 쉽게 이룰 수 있게 되길 바란다.

박영준B/초등

나는 운동 중에 축구을 좋아한다.
운동 하다 보면 다치는 일도 있지만
영광의 상처가 더 빛나 보인다.

영광의 상처

축구같이 격렬한 운동은 특히나 부상이 많이 나오곤 해.
어떤 부상들은 금방 회복되지만 어떤 부상들은 너무나 심각해서 선수 생활을
계속 해나가지 못할 때도 있어. 그림에 그린 곽태휘 선수 역시 고등학교
시절 공에 눈을 잘못 맞아 한 쪽 눈이 실명되어 선수생활에 위기를 맞으셨나봐.
하지만 끊임없는 노력으로 장애를 극복하셨대. 그야말로 영광의 상처라고 할 수
있겠지? 하지만 부상은 정말로 조심해야 돼. 그러니 축구를 자주 하더라도 항상
부상은 조심했으면 좋겠다. 나 자신에게도 또 상대방 선수에게도 몸과 마음 모두
큰 상처를 남길 수 있거든. 영준아 축구할땐 항상 조심조심 알지?

자연이 되고 싶은 아이들

아이들은 자연을 참 좋아한다.

나무며 꽃이며... 하염없이 바라보곤 한다.

아이들은 자연을 바라보며 무슨 생각을 할까?

아이들이 바라보는 자연은 어떤 모습일까?

내가 나무라면 너무 답답하고 슬플 거 같다.
말을 하고 싶어도 못하고, 친구를 사귈 수도 없고
나무는 언제나 혼자 서 있어야 하기 때문에 언제나
외로울 거 같다.

외로운 나무

낙엽이 모두 진 걸 보니 아마도 겨울인가 보구나.
사람처럼 나무 역시 혼자 있으면 외로울 거야. 나무도 다른 나무들과 함께 클때
더 크게 성장할 수 있단다. 세상에서 가장 길게 자라는 세쿼이아 나무는 겉으론
뿔뿔이 흩어져 있어 외로워 보여도 땅 밑으로는 뿌리를 통해 나무들끼리 서로
꼭 움켜쥐고 있단다. 서로 움켜쥐고 있는 뿌리를 통해 폭풍우와 비바람도 이겨내고
하늘로 높게 높게 자라날 수가 있는 거래. 유림이도 세쿼이아 나무처럼
서로의 마음을 꽉 끌어안아주는 진실한 친구들을 많이 만났으면 좋겠다.
그리고 서로 함께 힘을 합쳐 세쿼이아 나무같이 크고 탄탄하게 성장하기를 바랄게.

홍지수/초등

내가 좋아하는 꽃은 장미입니다.
왜냐하면 장미는 아름답고, 예쁘기 때문입니다.
나도 저 빨간 장미처럼 예쁜 여자가 되고 싶습니다.

빨간 장미

아름다움의 대명사는 역시 장미 아닐까?
장미는 싫어하는 사람이 없을 정도로 정말 예쁜꽃이야.
지수도 장미꽃처럼 모든 사람이
좋아하고 예뻐하는 장미꽃 같은
사람이 될 거야. 홧팅!

윤두나/초등

도움을 주는 나무

그림을 보고있으니 사람들에게 도움을 정말로 많이 주고 싶어하는
두나의 마음이 느껴지네.
글과 그림을 보니 '아낌없이 주는 나무' 가 떠오르는 건 나만이 아닐 거야.
그런데 자세히 보니까 마지막 줄에 '몸은 빼고 마음으로' 라고 적혀 있네?
몸도 마음도 모두 하나가 되어 이웃들에게
도움이 될 수 있다면 더 많이 보람될 거 같은데…
두나도 그렇게 생각하지? ^^

나는 튤립을 좋아한다.
우리 엄마가 좋아하는 꽃은 튤립이다.
그래서 나는 튤립을 보면서 엄마 생각이 난다.

엄마가 좋아하는 튤립

튤립은 우아함의 상징인 꽃이야.
모양도 예쁘고 색도 다채로워서 많은 사람들이 관상용으로 기르는 꽃인데,
그런 꽃을 엄마가 좋아하신 걸 보니 현주의 엄마는 매우 아름다운 분이실 것 같아.
그런데 튤립이 네덜란드 국화라는거 알고 있니?네덜란드는 매우 작은 나라이지만
주변나라들의 위협에도 당당히 자신들의 삶의 터전을 지켜냈어.
튤립은 바로 네덜란드의 용기를 나타내는 꽃이지.
튤립을 보며 엄마 생각이 날때마다 외로움보다는
힘을 얻는 현주가 되었으면 좋겠다.

쉼터를 제공하는 나무

힘들게 일하시는 엄마를 걱정하는 마음이 나한테까지 느껴지는구나.
엄마도 물론 힘드시겠지만 이렇게까지 이해해주고 기다려주는 상우가 있어서
마음이 든든하고 큰 위로가 되실 거야.
이다음에 커서 엄마를 도울 수 있을 만큼 자랄 때까지 지금의 다짐 잊지 말고,
꼭 커다란 나무처럼 훌륭한 사람이 되어
오늘의 소원을 이룰 수 있기를 기도할게.

해바라기

해바라기의 꽃말에 기다림, 바라보다, 신앙과 같은 뜻이 있었구나.
언제나 태양을 바라보며 자라는 해바라기와 정말 잘 어울리는 꽃말인 것 같아.
우리 태경이도 해바라기처럼 누군가를 오랫동안 기다려본 경험이 있는 것 같은데…
노란 손수건이라는 소설을 보면 남편을 기다리는 아내의 이야기가 나와.
남편은 실수로 죄를 지어 교도소에 오랜 시간 있어야 했지만 아내는 남편을 끝까지
기다리고, 결국 서로의 사랑은 아름다운 결실을 맺었어. 기다림은 사람을 더욱
성숙하게 도와주는 것 같애. 태경아! 기다림이 길어져도 슬퍼하지 말고
해바라기처럼 밝고 씩씩하게 이겨낼 수 있기를 이 오빠도 많이 응원할께.

최근범/중등

내가 싫어하는 것들은 버섯, 브로콜리, 마늘, 양파, 가지, 파, 당근 등이다. 세상에서 가장 싫어하는 7가지 야채다. 가지와 버섯은 징그럽게 생겼고 맛이 이상하다. 어른들은 맛있다고 하는데 나는 맛이 없다. 나는 야채가 싫다. 단맛이 없어서.

내가 싫어하는 것들

우와, 여기 나온 야채들은 나도 근범이만 할때 싫어했던 것들이잖아?

아마도 나와 식성이 비슷한 것 같아.

하지만 여기 나온 야채들이 모두 몸에 좋은 식품이란 것은 알고 있지?

브로콜리, 마늘, 양파 같은 야채는 미국의 유명한 타임지에서

몸에 가장 좋은 10가지 식품으로 선정한 적도 있는 것들이야.

우리 근범이는 앞으로 쑥쑥 커야 되니까,

조금씩이라도 먹으려고 노력하면 좋겠다.

개그맨 김동현

영화감독인 심형래 아저씨는 원래 한국 제일의 코미디언이었어.
지금은 헐리우드에 진출하는 영화를 만들지만
아직도 엄청 재밌으시더라고. 아마 디워였던가?...
심형래 감독님이 개그맨으로도 최고가 되고 지금처럼 영화감독으로도 성공할 수
있었던 것은 언제나 새로운 것에 깊은 관심을 가지고 탐구를 했기 때문일 거야.
동현이도 심형래 감독님처럼 다양한 분야에 관심을 많이 가지고 노력을 하다보면
최고의 코미디언이 될 수 있을 거야.
싸인 부탁해 동현아! ^^

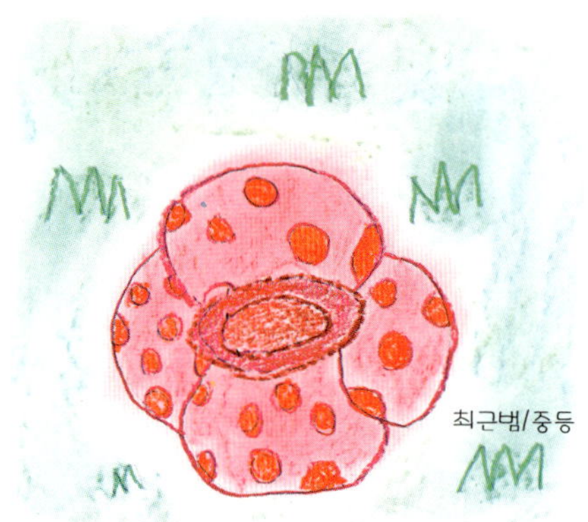

내가 가장 좋아하는 꽃은 라플레시아다.
내가 이 꽃을 좋아하는 이유는 세상에서 가장 큰 꽃이고
이름이 마음에 들어서이다.

라플레시아

라플레시아?
고등학생인 나도 모르는 꽃 이름을 알고 있다니 대단해!
인터넷 을 찾아보니 정말로 세계에서 가장 큰 꽃이라고 나와 있네…
하지만 라플레시아는 힘들게 꽃피고 금방 져버린다고 해.
얼마전 신문에서 요즘 아이들이 예전보다 체격은 커졌지만 체력수준은
오히려 훨씬 떨어진다는 내용이 있는데 비슷한 이야기 같구나.
크기만 큰게 아니라 능력도 그만큼 발달해야겠지?
라플레시아 처럼 커다란 꽃을 피우는 멋진 인생을 살아가기를 바랄게.

내가 좋아하는 동물은 강아지이다.
왜냐하면, 강아지는 귀엽고, 예쁘기 때문이다.
나도 강아지를 갖고 싶다.

강아지

강아지는 정말 영특한 동물인 것 같아.
사람을 잘 따르기도 하고, 주인에게 기쁨을 주기 위해 많은 노력도 하니까.
훈련을 잘 받은 개는 주인의 목숨을 구하기도 하지.
TV 동물농장에 나왔던 개였는데 주인할머니가 돌아가셨는데도
꼼짝도 하지 않고 할머니 집을 지키는 개도 있더구나.
동물의 이야기지만 정말 감동적이었어.
서로 의지할 수 있고 지수만 지켜주는
강아지를 분명 만날 수 있게 될 거야.

내가 심고 싶은 해바라기다.
해바라기는 엄마가 가장 좋아하는 꽃이다.
엄마랑 같이 꽃을 심고 예쁘게 가꾸고 싶다.

엄마가 가장 좋아하는 꽃

해바라기는 색깔도 예쁘고, 키도 쑥쑥 크는 것이

정말로 키우는 재미가 있을 것 같아.

그런데 우리가 살고 있는 도시에서는 많이 볼 수가 없어서 좀 아쉽다 그치?

그리고 가을아 지금 당장은 힘들겠지만,

분명히 엄마와 같이

해바라기 꽃을 함께 심고 가꿀 수 있는 행복한 시간이 반드시 찾아올 거야.

언제나 희망을 잃지 말자!

내가 나무가 된다면
사람들의 휴식처가 되어서 사람들에게
평안함과 보살핌을 줄 것이다.

휴식처

나무는 정말로 사람들에게 큰 도움을 주는 것 같아.
여름엔 시원한 나무 그늘을 제공해주고,
맛있는 열매도 주잖아.
또 나무가 없으면 집도, 빌딩들도 지을 수가 없겠지?
우리 진영이도 진영이가 그린 나무처럼,
사람들에게 평안함과 보살핌을 줄 수 있는 사람이 꼭 될 수 있을 거야.

저는 장미처럼 향기롭고 열정적인 사람이 되고 싶어요.

열정적인 사람

많은 사람들이 장미하면 아름다운 꽃 모양부터 떠올리지만,
사실 장미는 꽃 못지않은 훌륭한 향기를 가지고 있지.
장미 중에서도 가장 좋은 향을 내는 장미는 바로 발칸 산맥에서 피는 장미야.
그런데 이 산맥은 매우 험할 뿐만 아니라 장미가 한 밤중에 가장 좋은 향을
내기 때문에 매우 큰 고생을 한 뒤에야 그 향을 맡을 수 있다고 해. 인생의
어려움도 꿋꿋이 이겨내다 보면 발칸반도의 장미처럼 아름다운 향기를 낼 수 있는
순간이 찾아올 거야. 그 순간까지 우리 어떤 어려움이 있어도 포기하지 말고
발칸 반도의 장미꽃처럼 어떤 일을 하든 열정적인 사람이 되자.

왜성종일일초는 하나하나의 꽃은
하루밖에 못가지만 매일 새로운 꽃이
피어 거의 3개월 정도 계속된다.
1개의 꽃보단 여러 개의 꽃을 볼 수 있어
좋고, 화분으로 키울 수 있어 좋다.

일일초

일일초에 대해서 오빠도 잘 몰랐는데
일일초는 정말 신비한 꽃이네.
꽃 하나하나는 금방 지지만 금세 다른 꽃이 피어나
몇 달 동안 계속해서 피어나니까 말이야.
일일초가 꽃을 피우는 것처럼
항상 어려움 뒤에 즐거운 일이 일어난다는 걸
생각하고 살아가는 사람이 되었으면 좋겠다.

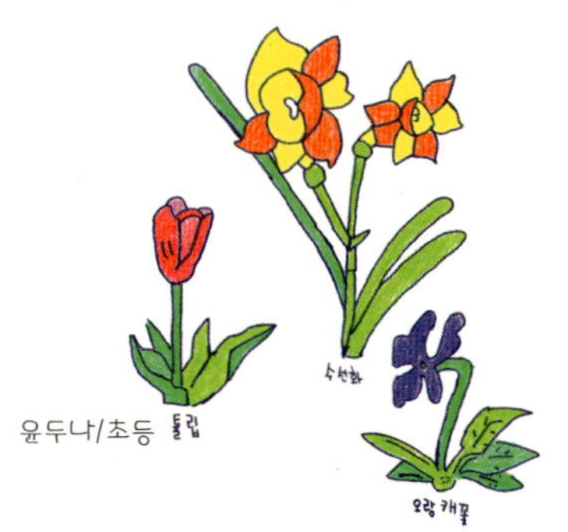

좋아하는 꽃 나는 튤립, 수선화,
오랑캐꽃을 좋아한다.
내가 좋아하는 색깔이고, 너무 예쁘다.
나도 꽃처럼 마음이 좋았으면 좋겠다.

꽃처럼 예쁜 마음

튤립, 수선화, 오랑캐꽃, 정말 누가 봐도 예쁜 꽃들이지.
이런 꽃들이 사람들에게 사랑받는 이유는 분명히 겉모습이
아름다운 게 가장 큰 이유일거야. 그래서일까?
요즘 들어 사람들도 외모를 매우 중요하게 생각하고 꾸미는 것 같아.
겉모습이 화려하고 예쁜것은 잠시일뿐 사람들의 마음을
오래도록 사로잡을 수는 없는거 같애.
그 만큼 마음이 중요하다는 뜻이지. 지금의 순수함을 어른이 되어서도
지켜나간다면 꼭 바라던 것처럼, 꽃처럼 아름다운 마음씨를 지닐 수 있게 될 거야.

카네이션의 꽃말은
사랑과 존경이다.
이 꽃말처럼
부모님을 사랑하고
선생님을 존경하게 되었으면 한다....

카네이션의 의미

안나라는 소녀가 있었는데 어머니가 병으로 일찍 돌아가셨거든.
안나는 어머니가 돌아가시고 나서야 어머니의 사랑이 얼마나 큰지 깨달았대.
그래서 해마다 어머니가 돌아가신 날에 카네이션을 가슴에 꽂아 추모를 했고
이 이야기가 점점 사람들에게 퍼지면서 지금의 어버이날이 된거야.
어버이날과 스승의 날 뿐 아니라 평소에도
부모님과 선생님을 사랑하고 존경하는 마음을 가지고 살아간다면
더 많은 것을 배우고 깨닫게 될 거야.
예림이의 마음이 참 예쁘다.

내가 버섯을 싫어하는 이유는:
버섯아래에 털이 있기 때문이다.
안 먹기 시작한 것은:
책으로 보아서 그렇다.

버섯

형도 어렸을 때 버섯이 이상하게 생겨서 싫어 했었어.
하지만 버섯은 키가 크고 몸이 성장하는데 필요한 영양소가 듬뿍 있고,
면역력을 키워줘서 병에도 걸리지 않게 해주는 좋은 식품이란걸 알면서부터
조금씩 먹다보니 이제는 잘 먹을 수 있게 되었단다.
무조건 싫다는 생각을 하지 말고
버섯하고 친해 보려고 노력해 보면 좋겠는데^^

윤하나/초등

행복한 벚꽃

벚꽃이 한창 필 때 열리는 벚꽃 축제는
짧은 기간이지만 많은 사람들에게
큰 감동과 행복을 주는 멋진 나무인 것 같아.
나무아래에서 가족끼리 맛있게 도시락도 먹고
벚꽃 때문에 여러 사람들에게 '소풍' 이라는 즐거움도 안겨주는 벚꽃!
이번 봄이 벌써 기다려지네....^^

위인을 존경하는 아이들

성공한 사람들에겐 반드시 존경하는 위인들이 있었다.

위인들은 사람들에게 희망을 주고,

어려움을 극복할 용기를 준다. 나도...

누군가에게 희망을 주는 사람으로 자라나고 싶다.

이 분은 우리나라를 위해 열심히 우리 국기를 날리셨습니다. 태극기를 활활 흔들면서   대한민국 만세   라고 반복하여 외치고 또 외쳤습니다. 너무나 나라를 사랑하는 마음을 담아 외치셨습니다. 나도 우리나라를 지키는 사람이 되겠습니다.

박수빈/초등

유관순

우리나라 사람이라면 유관순 누나를
존경하지 않는 사람은 한 명도 없을 거야.
어린 나이에 나라를 위해 목숨도 아까워하지 않고
독립운동을 하셨으니 그 용기는 정말로 대단한 것 같아.
글과 그림을 보니 정말로 유관순 누나의 이야기를 많이 읽었고
정말로 존경하는 느낌이 든다.
이다음에 자라서 유관순 누나와 같이 나라의 훌륭한 일꾼이 되기를 기도할게.

셜록 홈즈는 가끔 형사들보다 신중하고 빠른 판단으로 사건을
해결해서 형사를 뛰어 넘을 때가 있다. 나도 셜록 홈즈처럼
어떠한 일이든 신중하게 결정해서 후회 없이 살고 싶다.

셜록 홈즈

명탐정 셜록 홈즈! 나도 정말로 좋아하고 많이 읽었던 소설이야.
셜록 홈즈는 비록 사설탐정이지만,
뛰어난 추리력과 신중한 결단력으로 작은 단서도 놓치지 않고
경찰도 찾지 못하는 범인들을 빠짐없이 잡아들이지.
살면서 만나는 중요한 갈림길마다 셜록 홈즈와 같은 냉철한 판단력으로
항상 과거보단 미래를 생각하며 결정을 내렸으면 좋겠어.
낭비한 시간에 대한 후회가 가장 큰 낭비라는 말을 기억하면 도움이 될 거야.
형도 이 말을 되새기며 열심히 생활할게. 힘내자. ^^

이 사람의 직업은
파충류를 사랑하고
연구하는 직업이다. 그런 단
핸드릭스를 나는 존경한다.
단 핸드릭스는 TV동물농장에 나오는 디에나 아빠다.

단 핸드릭스

우와, 나는 무서워서 손도 못 대는 파충류들을
단 아저씨는 농장에서 엄청나게 키우고 계시잖아?
많은 사람들이 파충류를 싫어하지만
그래도 단 아저씨처럼 파충류를 사랑해주는 사람들이 있기에
파충류들도 행복할거 같아.
곤충을 관찰하는 사소한 일도 진심으로 즐기면
근범이도 '파브르 곤충기'를 쓴 프랑스의 파브르 아저씨처럼 될 수 있게 될 거야.

황동현/중등

저도 어른이 돼서 원장님처럼 아이들을 사랑하고
지켜줄 수 있는 멋진 사람이 되고 싶습니다.

우리 원장님

앗, 어디서 자주 보던 얼굴 같다 했더니 해피홈의 원장님이시네!
많은 아이들을 돌보고 교육하는 것은
아이들을 좋아하는 사람들에게도 굉장히 힘든 일이야.
정말로 아이들을 사랑하는 마음이 없으면 힘들겠지?
커서 원장님처럼 훌륭한 사람이 되려면 공부도 공부지만
정말로 아이들을 사랑하는 마음이 가장 중요하다는 것을 절대로 잊어서는 안 돼.
동현이도 꼭 원장님처럼 멋진 사람이 될 수 있을거야.

오바마는 어려운 환경을 극복하고
대통령에 당선된 정말 훌륭한 사람이다.
나는 오바마의 그런 끈기와 열정을 존경한다.

오바마

미국 역사상 첫 흑인 대통령인 오바마의 당선이 미국인뿐만 아니라
전 세계인에게 감동과 희망을 줄 수 있었던 건 힘들었던 청소년 시절을
훌륭하게 극복하고 최고의 자리에 오른 고난의 극복과정이 있었기 때문이야.
 이런 오바마 대통령에게 큰 영향을 준 건 링컨 대통령인데, 링컨 대통령 역시
가난한 가정에서 태어나 제대로 배우지도 못했지만, 대통령에 당선된 인물이야.
오바마 대통령은 링컨 대통령을 통해 희망과 목적이 얼마나 중요한지
배울 수 있었다고 해. 희망과 뚜렷한 목적을 가진다면
어떤 어려움도 헤쳐 나갈 수 있는 끈기와 열정을 가진 사람이 될 수 있단다.

조은미/초등

예수님

예수님은 정말로 많은 사람들에게 존경을 받고 있는 것 같아.
심지어 기독교를 믿지 않는 많은 사람들도 예수님은 존경하고 있으니까.
인도의 정신적 지도자였던 마하트마 간디도 비록 기독교를 믿지는 않았지만
예수님은 좋아하고 존경한다고 이야기하셨대.
오직 남을 위해서 자신의 인생을 살다 간 예수님이시기에
모든 사람의 존경을 받을 수 있는 것 같아.
예수님을 통해 남을 위한 희생의 고귀함을 깨닫는다면
모든 사람들의 인생은 더욱 행복해질 거야.

조유미/초등

3학년 때 선생님은 1학년, 2학년, 3학년까지 처음으로 제일 착한 선생님이셨다. 남을 도와주는 선생님이다.
내가 힘들 때, 어려울 때 항상 도와주시고, 항상 힘내게 해주신다.
그래서 친구들과 친하게 지낼 수 있었다. 나도 꿈이 선생님이지만,
고재온 선생님처럼 훌륭한 사람이 될 거다. 그래서 존경한다.

3학년 때 선생님

그림을 보니 선생님이 학생들에게 정말 친절하고 잘 대해주시는 분인 걸
알 수 있을 것 같아. 유미를 항상 힘이나게 해주신 선생님을 그림에까지 그린걸 보니
정말 선생님께 감사하는 마음이 큰 것 같구나. 박태환, 김연아 같은
세계적인 선수들도 일찍이 좋은 선생님을 만나서 좋은 선수로 성장할 수 있었다고 해.
이다음에 커서도 꼭 선생님의 은혜를 잊지 않았으면 좋겠다.
선생님에겐 제자의 훌륭한 성장이 가장 큰 보람이라고 들었어.
나도 유미 덕분에 잊어버리고 지냈던 감사한 은사님들께
이번 스승의 날엔 꼭 연락드려야 겠다. ^^

이 그림은 방정환 아저씨의 화상입니다.
이것을 그린 이유는 우리와 같은 어린이의 날을
만들어주었기 때문입니다.

방정환 아저씨

소파 방정환 선생님은 정말로 어린이들을 누구보다 사랑하는 분이셨어.
바로 우리가 쓰는 '어린이' 라는 말도 방정환 선생님이 처음으로 만들어 쓰기
시작한 거래. 방정환 선생님은 어린이들을 너무 좋아해서 어디서든지 아이들을
보기만 하면 재미있는 이야기들을 쉬지 않고 해주셨다고 해.
또한 어린이들 뿐만 아니라 많은 어른들에게도 큰 존경을 받는 분이셨어.
어린이날과 같은 훌륭한 날을 만들어 주신 방정환 선생님께
언제나 감사한 마음을 잊지 말고 우리도 방정환 선생님 같이
다음 세대들을 아끼고 사랑하는 훌륭한 어른으로 자라도록 하자. ^^

 **해피홈 아이들이 각자의 소원을 담아 직접 그린 그림과 글들입니다.**

나는 운동중에서 합기도가 제일 좋다.
합기도는 나의 몸을 지킬 수 있고 배우면 더 재밌고,
많은 어린이들이 배운다면 범죄를 쉽게 예방 할 수
있을 것이다.

내가 존경하는 유관순 누나는 예쁜 우리나라를 위해 앙심히 우리 국가를 남에게
빼앗기자 왜정 총독부에 "다같이 만세, 만세, 만세" 하고 외치며 나라를 되찾으려고
했으나 나라를 사랑하는 마음이 담겨 있다고 합니다. 우리 유관순에게 제가는
감사해 드립니다.

장래희망
마을버스 운전 기사
노선도가 짧고 운전하게 쉬워서 되고싶습니다.

나는 커서 굴키퍼가 되어서
다른팀이 차는것을 땅이막아서
선수들 에게 기쁨을 주고싶다.

나에게 만약 세상 된 딸이 있다면
세상 된 딸을 키웠었던 우리 엄마의 마음을
느낄 수 있을 것이다. 이런 마음을 경험해 보고
우리 엄마에게 감사한 마음을 가질 수 있는
시간을 가져봤으면 좋겠다.

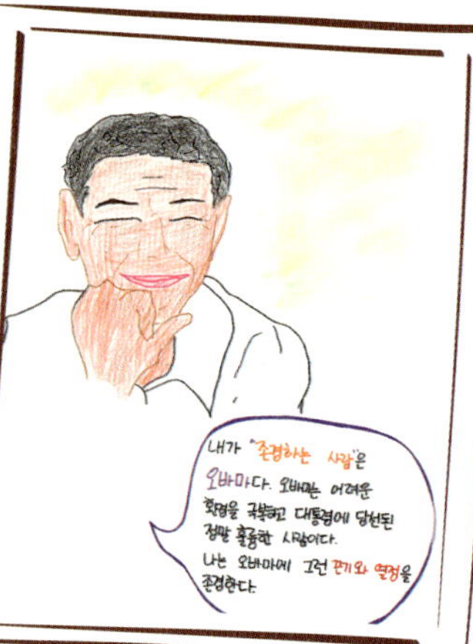

내가 "존경하는 사람"은 오바마다. 오바마는 어려운 역경을 극복하고 대통령에 당선된 정말 훌륭한 사람이다. 나는 오바마에 그런 끈기와 열정을 존경한다.

나는 날아다니는 교회에서 살면서 하늘에 있는 동물과 친해지고 싶다 그리고 몰랐던곳도 많이 다녀볼 것이다.

내가 나무라면 사람들이 열매를 막 딸 때는 따주고 싶어. 하지만 나를 자르는 사람은 그 사람 머리에 내가 열매를 떨어뜨려서 머리를 최대한 어지럽게하여 날 자르지 못하게 하겠다.

내가 나무라면 너무 답답하고 슬플 거 같다 말을 하고 싶어도 못하고, 친구를 사귈 수도 없고 나무는 언제나 혼자 서 있어야 하기 때문에 언제나 외로울 거 같다.

INRI
내가 존경하는 사람......
예수이다.
예수는 자기의 위해서가 아니라 우리를 위해 죽으심을 당하신 분이다.
그래서 우리는 예수를 믿어야 하고 존경해야 한다.

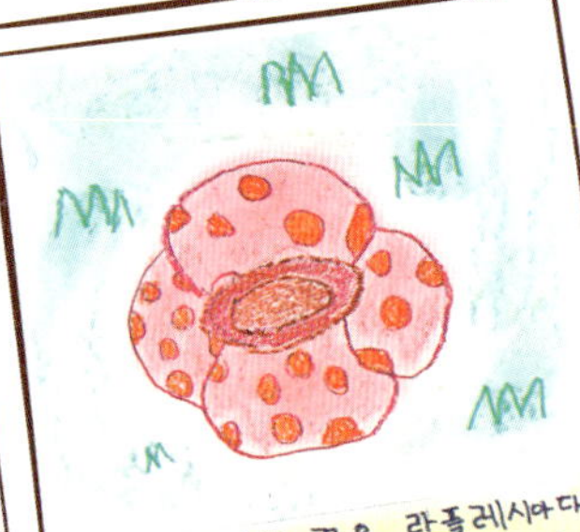

내가 가장 좋아하는 꽃은 라플레시아다 내가 이 꽃을 좋아하는 이유는 세상에서 가장 큰 꽃이고 여름이 마음에 들어서이다.

고1 여름방학 수학 수업이 끝나고 해피홈 은미가 그려준 멋진 내얼굴~^^

해피홈 아이들의 그림에 댓글을 달며...

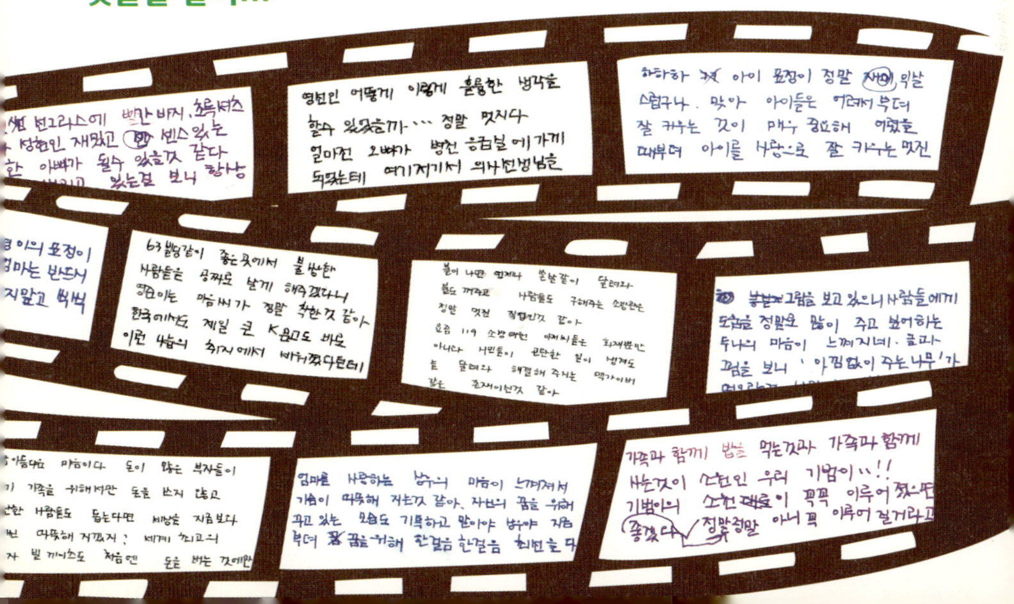

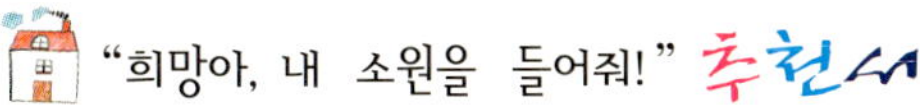

우리 해피홈 아이들의 마음을 그림과 글을 통해 들여다보면서 '이렇게 마음이 예쁜 아이들과 함께 살고 있었구나' 하는 생각에 다시한번 감사하는 시간이 되었습니다. 특히, 우리아이들이 나이는 어려도 어려운 지금의 생활에서 감사를 안다는 사실도 큰 감격으로 다가 왔습니다.

이렇게 마음이 착하고 따뜻한 아이들로 성장하도록 도와주신 여러 후원자님과 자원봉사자님들께 진심으로 감사를 드리며, 아울러 해피홈 아동공동체에서 밤낮으로 아이들을 위해 애쓰는 해피홈 직원들에게도 마음 가득히 감사함을 전합니다. 그리고 해피홈 친구들 너무 사랑합니다.

끝으로 중3부터 봉사자로서 꾸준히 만났던 성현이를 통해 어른인 우리가 오히려 많은 것을 배우게 됩니다. 한결같은 성현이, 노력하는 성현이, '남성현' 넌 참 될성 싶은 나무야.

해피홈보육원 원장 박서희

2009년 L사에서 새로 개발된 Fits 껌이 출시 3주 만에 2000만개나 팔리는 기록을 달성하였다.

연예인들의 귀여운 춤과 중독성 있는 CM송의 멜로디도 한 몫 하였겠지만 품질을 개선하여 씹을수록 껌이 부드러워지고, 향기는 가미되고, 명함 사이즈의 재치있는 포장으로 바꾼 것이 주효하였다고 한다.

마찬가지로 남성현군이 해피홈에서 3년간 봉사활동을 하면서 부모형제의 사랑을 그리워하고, 단란하고 화목한 가정을 꿈꾸는 원아들의 아픔을 들여다보고,

어려운 환경에서도 아프리카 저체온증 영아살리기 모자뜨기로 비록 보육원에서 생활하지만 자신들도 이웃을 도울 수 있다는 기쁨을 보탠 것이 이 책을 창조하지 않았나 싶다.

책은 다섯 개의 주제로 나누어지는데 각 주제 별로 원아들의 솜씨 있는 그림과 순박한 소원의 글, 긍정적 공감, 고등학생다운 부연설명, 소박한 충고나 기원의 순으로 되어있다. 한번 읽기 시작하면 밀려드는 잔잔한 감동으로 끝을 보아야만 할 것 같다.

부디 Fits 껌처럼 대박이 나 그 수익금이 해피홈 원아들의 꿈을 이루는데 도움이 되었으면 좋겠다. 그리고 제1, 제2의 남성현군과 같은 따뜻한 마음을 가진 학생들이 상정고에서 더 많이 배출될 수 있게 되기를 희망해 본다.

인천상정고등학교 교장 이관영

늘 더불어 함께 살아가는 건강한 사회를 만들기 위해 남을 먼저 배려하는 남성현학생의 따뜻한 모습을 지켜보면서, 자원봉사활동 지도교사로서 봉사의 중요성과 필요성을 더욱 절실히 느껴 봅니다.

누구나 봉사를 처음 시작할 때는 남을 위해 하는 거라고 생각하지만 시간이 지날수록 나 자신이 점점 행복해짐을 깨닫게 됩니다.

바쁜 학업시간을 쪼개어 상정고 봉사동아리 총단장의 역할을 묵묵히 수행하고 성실하게 훌륭히 잘 해내며 몸을 아끼지 않고 오직 봉사자의 입장에서만 행동하는 남성현학생의 모습은 우리 사회가 원하는 참된 봉사자의 자세를 진솔하게 보여줌으로서 즐겁게 봉사에 참여했던 많은 시간들이 결코 헛되지 않을거라 믿으며 장차 사회에서도 인정받는 훌륭한 지도자로 성장해 나가리라 기대합니다. 더욱 멋진 청년으로 발전 되리라 믿습니다.

인천상정고등학교 봉사활동 지도교사 이은주

　1년동안 성현이를 지켜보면서 '마음이 참 따뜻하고 배려심 많은 아이구나!' 라는 생각을 하곤 했다.

　바쁜 학교생활 가운데서도 틈틈이 짬을 내어 봉사활동을 열심히 하는 줄은 알고 있었지만 이렇게 예쁘고 기특한 일을 하고 있는 줄은 미처 모르고 있었다.

　해피홈에 있는 아이들 한사람 한사람의 소망에 귀 기울이고 애정어린 조언과 따뜻한 격려의 말들을 보면서 과연 '나' 는 교사로서 자라나는 우리 청소년들에게 얼마나 꿈과 용기를 심어주었는지 생각해보는 계기가 되었다.

　해피홈에 있는 어린친구들이 저마다 자신의 가슴속에서 키워가는 예쁜꿈이 이루어지기를...

　그리고 훌륭한 사회연구원이 되어 우리사회의 소외되고, 관심이 필요한 사람들에게 힘이 되고, 희망이 되고 싶다는 꿈을 가진 성현이가 우리 모두 행복하고, 더불어 함께 살아가는 살맛나는 사회를 만드는 일에 열성적으로 앞장서는 그 날을 기대해 본다.

인천상정고등학교 남성현 2학년 담임선생님 김정미

　남성현군은 1학년 때부터 국사를 가르치면서 수업에 참여하는 자세가 늘 진지하여 참 성실한 학생이구나라고 생각했었는데, 3학년 담임을 맡은지 한달만에 책을 출판하게 된다하여 격려의 글을 쓰려하니 조금은 어색해 지기도 한다.

　그러나 출간하게 될 책을 읽어보니 입시를 앞둔 고등학생으로 시간을 쪼개가며 보람되게 봉사활동을 했구나싶어 참으로 기특한 생각이 들었다. 모쪼록 얼마 남지 않은 입시에 최선을 다하길 바라며 멋진 제자를 두게 된 것 같아 마음이 흐뭇해 진다.

인천상정고등학교 남성현 3학년 담임선생님 이병섭

에필로그

고 3을 앞둔 겨울방학때부터 해피홈 아이들의 그림을 모으고 그림 밑에 댓글을 달아 마무리를 했지만 막상 책을 내려하니 어떻게 해야할지 몰라 어머니께 출판사를 알아봐 달라고 부탁드렸습니다.

학교 야자가 끝나고 집에 돌아와 어머니께 어떻게 되었냐고 여쭤 볼때마다 대부분의 출판사에서는 '이런 유형의 그림책'은 잘 팔리지 않는다는 이유로 출판하는 것을 불편해 하신다는걸 어머니로부터 듣고 걱정만 많이 했었습니다. 그러다가 저의 진심을 알아주고 응원해주는 지금의 출판사를 만나, 생전 처음으로 편집회의라는 과정을 거쳐 해피홈 아이들의 간절한 꿈이 담긴 그림에 오빠나 형의 마음으로 한 줄 한 줄 댓글을 달며, 행복한 나눔을 가졌던 시간들이 모여 드디어 아이들의 꿈이 담긴 그림책이 완성되어 우리들의 책 – '희망아, 내 소원을 들어 줘!'가 세상에 나오게 되었습니다.

처음에는 자신감을 잃은 해피홈 아이들에게 용기를 주고 싶다는 생각만으로 시작한 일이었는데 순수한 해피홈 친구들의 그림에 부족한 저의 댓글을 달면서 해피홈 친구들로부터 제가 더 큰 용기를 받으며 오히려 부끄러워지기도 했습니다.

그러나 자신들의 그림이 인쇄된 책을 보며 좋아할 아이들의 모습을 상상하니 말로 표현할 수 없을 만큼 너무너무 좋습니다.

그리고 이 책을 읽으실 때에 조금씩 어법에 맞지 않는 부분을 발견하시겠지만 그것은 책이 잘못된 것이 아니라 해피홈 아이들의 그림과 글을 수정없이 실었으면 좋겠다는 저의 생각 때문입니다. 왜냐하면 그렇게 하는 것이 해피홈 아이들에게는 진짜 내 그림이 실렸다는 자부심과, 독자 여러분들에게는 해피홈 아이들의 순수함이 그대로 전달될 수 있다고 생각되었기 때문입니다.

그리고 저는 이 책을 통해 많은 분들께 지금 우리 사회에는 어른들의 잘못으로 소외된 아이들이 아직도 많이 있으며 그 아이들의 소원이 '가족과 함께 밥먹기'처럼 우리에겐 너무나 평범한 일상들이 이 아이들에겐 왜 간절한 소원이어야만 하는지에 대한 상황을 조금이나마 알리고 싶었습니다.

끝으로 이 책을 통해 해피홈 친구들이 세상과 크게 소통할 기회를 가질 수 있고 혼자가 아니라는 사실을 깨달아 용기와 희망을 가지고 살아갈 수 있기를 간절히 소원합니다.

남성현 드림

희망아,
내 소원을 들어줘!

지은이 | 남성현과 해피홈 아이들
발행인 | 김용호
발행처 | 해피맵북스
　　　　(나침반출판사 가족 - www.nabook.net)

초판 1쇄 발행 | 2011년 5월 5일

등 록 | 1980년 3월 18일 / 제 2-32호
주 소 | 110-616 서울 광화문 사서함 1641호
전 화 | 본　사(02)2279-6321
　　　　영업부(031)932-3205
팩 스 | 본　사(02)2275-6003
　　　　영업부(031)932-3207

홈페이지 | www.nabook.net
이 메 일 | happymap21@korea.com
　　　　　nabook@nabook.net

ISBN 978-89-318-1430-9
책번호 하-1009

값은 뒷표지에 있습니다.

해피맵북스(HappyMap Books)는 나침반출판사 가족으로
행복한 삶을 위한 꼭 필요한 길이 되겠습니다.

 봉사를 하고 싶지만 어떤 곳에서 어떻게 해야 할지 몰라 망설이시는 분들을 위해 여러 봉사 단체 홈페이지를 실어 놓았습니다. 조금이라도 도움이 되셨으면 좋겠습니다. - 남성현올림

해피홈 http://www.happyhome.or.kr

초록우산어린이재단 www.childfund.or.kr

유니세프 http://www.unicef.or.kr

월드비전 http://www.worldvision.or.kr

꽃동네 http://www.kkot.or.kr

사회복지공동모금회 http://www.chest.or.kr

세이브더칠드런 http://www.sc.or.kr

열매나눔재단 http://www.merryyear.org

홀트아동복지회 http://www.holt.or.kr

사랑밭 http://www.withgo.or.kr

굿피플 http://www.goodpeople.or.kr

사랑의재단 http://www.4rangg.org

굿네이버스 http://www.givestart.org

해성보육원 http://www.hschild.or.kr

지구촌사랑나눔 http://www.g4w.net

부평종합사회복지관 http://www.ppcwc.or.kr

승가원 http://www.sgwon.or.kr

밀알복지재단 www.grayribon.org

민들레국수집 http://www.mindlele.com